A Coleção

Nesta coleção de estreia, *A Raposa Vermelha Corre:* Poemas 2011–2016 conduz o leitor pelos altos e baixos dos primeiros cinco anos de um millennial vivendo em Nova York. Os poemas exploram temas de identidade, fracasso e reinvenção. Outros refletem sobre assuntos da vida adulta em formação, como o fim da juventude e a busca por propósito.

A Raposa Vermelha simboliza a aspiração e representa todos aqueles que desejam alcançar a grandeza em sua vida.

A Cultura Não Pode Prosperar Sem Rupturas.

A RAPOSA VERMELHA CORRE / Joseph Adam Lee

Poemas: 2011-2016

Red Fox Runs Press
New York, New York

Red Fox Runs Press
909 3rd Avenue
 # 127
Nova York, Nova York 10150
Estados Unidos da América

Uma marca de The Rebel Within

Primeira edição: 2026

Nota do Editor

Agradecimentos
Editor de Conteúdo: Sam Hughes
Capa e Design Gráfico: Eleni Rouketa
Tradutor: Eduardo Martins

Informações de Contato
E-mail: joe@therebelwithin.com
Sites: www.josephadamlee.com
Instagram: @joseph.adam.lee

Catalogação na Publicação - Biblioteca do Congresso
Lee, Joseph Adam. 1986-
A Raposa Vermelha Corre: Poemas 2011-2016 / Joseph Adam Lee.

LCCN: 2025923858

ISBN: 978-1-946673-67-1 (Brochura)
ISBN: 978-1-946673-69-5 (Capa dura)
ISBN: 978-1-946673-68-8 (e-book)
ISBN: 978-1-946673-70-1 (Audiolivro)

Para *Evariste Bisson*

Índice

Quando a Corrida Cessa 20

Jornada 22

Banco de Parque 23

Desabafo de um Escritor 26

Noites Frias Revelam Silêncios 27

O Compromisso do Artista 30

O Homem e a Linha Amarela do Metrô 32

Andarilho de Dedos 34

Dia de Doença em Rockaway 35

Continuaremos Correndo Enquanto

Você Continuar Andando 37

Mendigo e Ferida 39

Um Palhaço Silencioso em uma Sala Cheia de Risos 41

A Beira Espera Nosso Salto 45

Hora de Partida: 22h26 46

O Caixa 49

Ela Não Sabe 51

A Criação e o Criador 52

Poema de Amor para Linda 55

Desperto, e a Mente Acelerada 56

Deixe Brilhar 58

Escreva 61

A Rua do Meu Bairro 62

Vivendo em uma Memória de Ontem 63

Imagens no Espelho 66

Calçadas de Outubro 67

Comece Sem Direção 68

Pragmatismo com Amor e Mulheres 70

As Pessoas de Fora 72

Cuspidores de Fogo 73

Atirando nas Sombras 76

Boêmio 78

Enquanto Ecoa 80

Se Você Me Der Uma Estrela Dourada Eu Vou Cagar Nela 83

De Uma Mensagem Que Não Lembro 85

Destroços no Painel 86

Há Uma Linha Tênue Entre Felicidade e Luta,
e Você Costuma se Inclinar à Luta 89

Tacos com Guacamole 90

As Páginas Dela 92

Empurrando 96

Noites de Luta 98

A Beleza da Multidão 100

Belmont 102

Está Mais Perto do que Pensa 104

Gênio 106

Finjo Estar Deste Lado 108

Caixa de Leite 109

Fardo Retraído 110

#estilodevida 113

O Complexo   114

O Giro Selvagem   116

O Dia de Trabalho   119

Sono Leve   121

Impulso Com Ela   122

Flutue com os Outros ou Mova o Cursor   126

Passeio de Alegria   128

Todas as Estradas da Juventude Terminam
em Austin, Texas   129

Eu Não Resisto – Deveria – Mas Não   133

Penne alla vodka   134

Os Lutadores do UFC   136

O Lado Oposto do Tempo   139

Xadrez Americano   140

Degraus da Cidade   146

Erros   148

Derrame em Mim   149

O Perdedor   150

Eu Te Pagaria com Minha Alma, Mas Estamos
Quebrados, Amor   154

Olhe à Direita   157

Tolos Inconstantes   158

Um Gole para Esquecer a Solidão   160

O Caminho da Pena   163

Sexo   164

Disfarçado pela Revolta   167

Pequenos Nadas   169

Corrida do Leite na 34ª Avenida   171

Três é Multidão   175

Homem de Gelo   176

Um Pedido de Desculpas Que Não Valia

a Pena Ser Enviado   178

O Homem Que Eu Costumava Ser   182

Netflixinitis   183

Dançando Com as Palavras   184

Achado Não é Roubado   186

Promoção   187

Companheirismo Transitório   189

Sonhando Acordado   191

Vá Para a Música   192

Não se Gabe por ser o Maior   193

Nervoso   197

O Problema em Nova York   199

Olhos   200

Coloque Tudo em Jogo   203

Lago   205

Café Derramado   207

Se For Preciso   209

Puta Merda   211

Lindamente Imperfeitos   213

Folhas 215

Vidro Quebrado 216

Companhia Jovem 217

O Sol Vai Nascer Amanhã 220

Fugindo da Loucura em Mim 221

A Comida Grega Perto da Parada Astoria-Ditmars 223

Exaustão com Toques de Pretensão 225

Entre as Linhas 226

Preso 227

O Zumbido Interior 229

Levado De Volta Ao Começo 230

Com Uma Aparência Horrível 232

A Fúria Vai Se Erguer 234

Se Você Está Distraído, Então É Como Todo Mundo 235

Ela, Recorrente 236

Atuando na Realidade 238

Sorriso 239

Bebendo o Destino 241

Barulho da Cidade 243

As Teclas se Movem 244

Quando Chove, a Fumaça Sobe 245

Sinos do Caminhão de Sorvete 247

Enquanto a Memória Queima 249

Conspiradores Incompetentes 250

Envy 252

Todos Estão Juntos Quando Estão Sozinhos 254

Escrevendo Quando Você Pensa Que Não Tem Mais Nada 255

A Escultura Não Passa de um Fragmento...

Da Imaginação de Alguém 257

Preso... De Novo 259

O Rosnado do Homem 261

Tempo Perdido 263

Beleza Normal 265

Deixe Minha Mente Falar 266

Puxe o Pino 269

Alcançar 270

Desejo Ambíguo E Depois... Nada 272

Rumo a Hartford 273

Carrinhos de Bebê 274

A Maioria dos Passos Será Desequilibrado 276

Garota Australiana e Frank 277

Recupere-se 278

Um Fluxo de Consciência Deve Ser Seco Às Vezes 280

A Luta Não É Real 286

Pausas para o Café 287

Uma Bela Crosta de Torta 289

Eu Carrego a Vergonha 291

A Raposa Vermelha Corre 293

A Raposa Vermelha Corre

A reinvenção é uma escolha.
Não a deixe passar.

Quando a Corrida Cessa
(A Urgência da Juventude)

Você nem vai perceber até que aconteça.
Seu senso de invencibilidade vai enfraquecer.
Um leve e vago sentimento de incerteza vai te atingir.

Provavelmente será depois de uma longa noite.
Você vai odiar tudo naquela manhã:
o ambiente,
as pessoas,
as coisas...
Talvez até odeie a si mesmo.

Tome isso como um presente,
um despertar.
Você vai passar o dia se arrastando,
assistindo vídeos no YouTube
e comendo macarrão instantâneo.
Mas, mesmo de ressaca, reflita.

A felicidade está próxima.
O céu vai parecer diferente amanhã.
As ruas vão vibrar.
As cores voltarão a ser vivas.

Tudo pode mudar.

Essa bondade vai parecer estranha.
Talvez te assuste.
Mas é nesse momento
que você tem a chance de escolher.

Você pode ignorar, talvez ainda não esteja pronto.
Mas, se quiser mudar,
quando ouvir o ar sussurrar a verdade no seu ouvido,
vai saber que é hora de mudar.
Mudar é aceitável.

Então faça logo!
Simplesmente faça, porra.
Caso contrário, estará perdendo tempo.

As distrações são fáceis.
E você pode correr nelas o quanto quiser.
Corra descalço, se quiser.
Afunde os pés no cascalho.
Droga, vire parte do chão.
Só você pode parar.

Então pare de correr.
Pare!
Enquanto ainda há tempo.

Jornada

Sua jornada é uma vida inteira passada
procurando, questionando e buscando a realização.
O objetivo é sempre subjetivo.
Você chegará onde deve chegar.
Os instintos vão ajudar a expandir seus limites,
e você se tornará
bom
melhor
maior
do que seu antigo eu.

Pessoalmente, sou atraído pela
estrada infinita das possibilidades.
Tenho fascínio por aventuras.
Não acredito em criar raízes.
A estabilidade me limita.

A complacência não deixa espaço para a descoberta.

Meu fogo, queima, atravessando minhas veias
e artérias, criando arrepios inesperados
enquanto o sangue passa pelos meus órgãos.
A inspiração não é planejada,
mas surge pela espontaneidade,
vinda de um encontro casual,
um pensamento,
uma imagem,
um som,
um sentimento.

Procure dentro de si, encontre algo,
e parta para a jornada inesperada.

Banco de Parque

Logo antes do trabalho, passo por um banco de parque.
É verde, geralmente vazio, e
muitas pessoas, como eu, quase não o percebem.

Fico pensando se o banco se sente ignorado.
Fico pensando se um banco pode sentir solidão.

Parece estar em um bom lugar,
posicionado no lado sudeste do Central Park.
Talvez pessoas se sentem e compartilhem suas vidas ali.
Podem conversar sobre as manchetes recentes
do Times ou do Wall Street Journal.
Podem recontar histórias que
não lembravam há algum tempo.
Talvez um romance tenha começado,
ou um homem ressentido tenha
partido o coração de sua amante ali.

Talvez alguém tenha encontrado paz
ao visitar o banco.

Certa vez, no meio da noite,
vi um homem deitado sobre o banco.
O banco não deve se importar com nada disso.
Ele tem seu propósito
como uma caixa de ressonância,
como um amigo inesperado,
como um lugar para recomeçar,
como... um lar.

Não sei se algum dia terei um momento livre
para sentar no banco do parque.
Estou pensando em me mudar dessa cidade em breve.

Mas sei onde o banco está; ele ficará... sempre,
estável,
vazio de emoção, mas cheio de responsabilidades;
cada momento sozinho, mas certamente acompanhado.

Isso pode causar inveja.
Eu realmente deveria pegar um café e
me reencontrar com um bom amigo,
talvez compartilhar alguns pensamentos sentado
no banco do parque.

*Se você oferecer a alguém
um pedaço de torrada velha,
ela não vai comer,
mas se você passar um pouco
de manteiga de amendoim,
ela provavelmente vai.*

Desabafo de um Escritor

Às vezes eu odeio escrever.
É um fardo.
Me lembra que minha mente se move rápido demais
e eu não consigo acompanhar.

O tempo não permite capturar tudo.

Mas eu vou tentar.
Fui consumido por isso.
Sou viciado em memória.
Nunca quero perder nada.
Mesmo que não seja nada.
Mesmo que não precise ser lembrado.
Eu quero guardar.
Quem sabe?
Talvez isso me ajude mais tarde.
Talvez me ajude a descobrir o que eu
quero dizer
deveria dizer
poderia dizer.

Mas eu vou tentar.
Eu tento capturar.
Porque se eu não fizer, acabou.
Tanta gente não dá valor a isso.
Eu não.
Faço tudo o que posso.
Cada nota rabiscada é preciosa.
Cada frase guardada.
Cada palavra.
Tudo.

Mas eu vou tentar.
Vou tentar lembrar.

Noites Frias Revelam Silêncios

Estava congelando na fila.
Bem, não congelando,
mas frio o bastante, sabe?
Desconfortável,
mas não um frio que dói.
Ainda assim, estava frio.

Eu não queria estar ali.
De verdade, não queria, mas era sábado
e eu não tinha nada melhor pra fazer.
Bem, na verdade, eu tinha muita coisa pra fazer,
mas queria sair com o Brad e o Jasper.
A Stacy também estava lá.
Ela estava fumando. Dei uma tragada.
Eu queria impressioná-la
e todo mundo sabia disso,
até a Stacy.

O JP apareceu. Ele era o promoter do clube.
JP era gordo, e por algum motivo
isso me irritava profundamente.
Ele trabalhava na Suíte 36 há 4 anos.
4 anos promovendo um clube pra gente entediante.
JP era entediante, mas todo mundo queria ser amigo dele.
Caramba, até eu tentei ser amigo dele:
queria entrar logo!
Já mencionei que estava frio lá fora?
Bem, nem tanto assim.

Eu me sentia entediante,
e também meio idiota,
parado ali, esperando pra entrar num clube
que cheirava a mais idiotice ainda.
A gente já bebia há mais de 4 horas.
Eu estava num bom ponto. Não queria mais beber.
Eu sentia que vinha lutando contra a garrafa ultimamente,
e o Brad e o Jasper estavam no mesmo barco.
A Stacy, eu não tinha certeza.
Ela parecia sóbria.

Eu tinha saído com ela poucas vezes,
talvez 4 no máximo.
Achava que ela estava mais radiante do que nunca.
Eu não disse isso a ela, mas Jasper e Brad sabiam
que eu pensava nela daquele jeito.
Eu meio que desejava que eles não soubessem.
Chegamos à frente da fila,
e dois homens grandes e negros estavam diante de nós.
Custava 35 dólares para entrar no clube.
Que absurdo!
A gente já tinha torrado 50 dólares cada um naquela noite.
Pedi pro meu novo amigo, JP, deixar-nos entrar de graça.
Ele reduziu a entrada para 20 dólares.
Que se dane o JP!
Ele é um babaca.
Eu tinha inveja dele.
Ele tinha três garotas em cima dele, beijando-o.
Eu queria que a Stacy estivesse em cima de mim.
Eu queria que qualquer garota estivesse em cima de mim.

JP sorriu como uma foca quando fomos embora.
Não tinha chance de pagarmos 20 dólares.
Nem queríamos entrar no clube.
Talvez, se não tivéssemos conhecido o JP, teríamos pago.
Mas, por outro lado, estou feliz por não termos pago,
porque teríamos nos sentido enganados.
Eu só queria voltar
pro apartamento do Jasper e do Brad e conversar.
Eu queria que a Stacy fosse também.
Ela não era tão velha quanto a gente, mas sua mente era.
Era isso que eu gostava nela,
mas eu nunca conseguiria dizer isso a ela.

Eu queria conversar com qualquer um.
Bem, menos com o JP,
porque, como eu disse, ele é um babaca.
Sobre o que eu queria conversar?
Coisas
Coisas que importam.
Não sei bem o que eram
ou poderiam ter sido,
mas sabia que a gente acabaria encontrando.
Ou talvez algo nos encontrasse.

A gente não conversou.
Pegamos um táxi, fomos pra outro bar,
gastamos mais 50 dólares,
apagamos e acordamos na manhã seguinte.
Eu estava decepcionado.
Devíamos ter ficado em casa.

Então, depois que minha cabeça parou de latejar
e eu mandei uma mensagem de desculpas pro barman
por ter bebido demais e sido grosso,
e o Jasper foi pra academia,
eu me sentei com Brad.
Fizemos exatamente o que eu queria ter feito na noite anterior:
conversamos,
só conversamos.
E quando terminamos,
eu só queria continuar conversando,
mas não conversamos,
não conversamos mais.

O Compromisso do Artista

Um embrulho de inveja
baseado na iminente percepção
de que o sucesso não virá,
mesmo quando você o deseja muito.
Ainda assim, a sensatez é algo que o artista deve sacrificar.

Como alguém floresceria sem intenções insanas?

Então, seja propositalmente vulnerável e crie.

Uma mente se desperdiça, a menos que esteja criando.

O Homem e a Linha Amarela do Metrô

Depois de mais uma longa rodada de bebida
e de tentar conquistar alguma garota,
um tanto vitorioso,
um tanto fracassado,
chego à estação do metrô N, Q ou R,
ou simplesmente, à Linha Amarela.

Eu devia ter pegado um táxi,
mas gastei demais com a bebida.
Bebidas para mim,
para meus amigos,
para 'novos' amigos,
para qualquer um, na verdade, pronto para beber comigo.
Pior ainda,
não faço ideia de quanto gastei.
Recibos, comemorações impressas em papel fino,
vão me lembrar pela manhã
dos gim-tônicas,
das IPAs,
dos Cabernets.
Eu deveria colecioná-los e
pedir pros barman assinarem como figurinhas de beisebol,
ou para as garotas beijarem.
Elas deixariam marcas encantadoras de batom rosa.
Talvez numa outra noite.

O epicentro agitado da cidade está vazio.
A Times Square desperdiça sua luz
enquanto caminho em direção à plataforma do metrô.
Os mendigos se misturam em harmonia pacífica.
Eles me encaram.
Será que eu os lembro deles mesmos
quando tinham a minha idade?

Que labirinto, esse submundo.
É quando o vejo,
o homem do mosaico na parede da estação,
ainda vestindo seu casaco marrom.
Sua cartola cobre metade do rosto de azulejos,
como sempre.

Seu cachecol laranja característico o mantém aquecido.
Pergunto a hora.
É um jogo que jogamos
entre 3h e 5h da manhã.
Ele nunca responde.
Rio de seu rosto imóvel.
Rio sozinho.
Deixo o homem perpétuo concentrado em seu relógio.
Percebo um novo pôster de filme ao lado dele.
Dou um tapinha em seu ombro plano.
Só preciso lembrar de três coisas quando o encontro:
Esquerda, direita, direita.
A segunda direita vem depois da banca de jornais.
Queria ter uns trocados.
Compraria batatas ou amendoins,
qualquer coisa pra ocupar a mente cansada de sono.

Espero a nave subterrânea.
Quando ela chega, entro no tubo e me sento.
Vejo faíscas de eletricidade se propagando
enquanto o metrô cruza a Ponte Queensboro
e
salta sobre o Rio East.
Penso,
mais uma noite,
e mal posso esperar pra chegar em casa.

Andarilho de Dedos

Se meus dedos pudessem falar, estariam gritando.
Eles se abririam e sangrariam
com a raiva conhecida por muitos homens.
Buscando nada mais que a chance,
não,
a oportunidade de serem ouvidos.
Acho que é por isso que eu escrevo.
No meio de uma sexta-feira à noite
com uma cerveja à minha direita,
há coragem em escrever.
E o melhor é que é de graça:
não há restrições, protocolos
ou caminhos proibidos.
Posso controlar, construir e navegar pelas ruas.
E, ei!
Se você não gosta,
caia fora do meu caminho!

A avenida dos sonhos despedaçados é um mito.

Está cheia daqueles que cortam os dedos e sangram,
mas são rápidos demais em cobri-los com curativos.
O brilho e o glamour são uma reflexão tardia.
Não são o objetivo.
Pode acreditar.
A solidariedade é suficiente pra preencher você
por uma vida inteira, se permitir.
Ela se confunde com o sentimento de direito,
e essas expectativas levam à longa estrada da miséria.
Eu vou passar por ela, mas não deixarei que me consuma.
Prefiro tropeçar, a continuar seguindo por esse caminho.

Dia de Doença em Rockaway

Eu te segurei.
Você estava tão frágil que não ousei me mover.
Não, não havia como.

Você era como areia.
Eu temia afrouxar o aperto.
Eu te apertei e te abracei mais forte,
lutando contra a brisa do mar.

Se eu tivesse enfraquecido o abraço,
eu teria te perdido.
Você teria escorrido por entre meus braços,
partindo-se e endurecendo em mil pedaços,
misturada ao infinito plano marrom de caramelo,
à espera do destino fatal,
como um mercenário decadente.

O oceano te chamava.
A maré se aproximava,
te incitando a escapar.
Facilmente poderia ter passado por cima de você.
Foi-se
foi-se então, em uma mistura salgada.
A tomada mais cruel.
Mas eu segurei firme, segurei tão firme.

Eu não estava pronto para deixar nosso amor partir.

Uma fera ferida chora por dentro.

Continuaremos Correndo Enquanto Você Continuar Andando

(Nevascas de Nova York)

O terreno lamacento não me incomodava:
cresci com invernos brancos assim, lá no Maine.
Estranhamente, eu sentia falta dessas manhãs.
Mas naquele dia, confesso, podia ter passado sem o vento.

"Suspenso", disseram.
"Os trens não vão funcionar."
"Todos devem tirar o dia de folga."
Eu não tinha o dia de folga.
Não, os desgraçados precisavam espremer
cada centavo de nós.

Eram 8h10.
Sabia que levaria uma hora pra chegar andando.
Não vi ninguém pelo caminho,
apenas marcianos amarelos e verdes
com olhos reflexivos,
e sem mãos... Ninguém tinha mãos.

A Ponte Queensboro estava festiva.
Eu não era o único que precisava ir trabalhar.
"Ei! Por que aquele trem está funcionando?" Apontou um
marciano.
"Para! Deixa a gente entrar, cara!" Disse outro marciano.
Ele não parou.
Continuou correndo.
Riu de nós.
O condutor olhou para fora e disse: "Suspenso."

O trem cuspiu neve marrom em nós.
Os montes pareciam pedras,
mas a neve suja não nos feriu.
Lembrei de quando
eu jogava bolas de neve na minha irmã
antes de levá-la pra escola.

Cheguei ao lado de Manhattan
e precisei andar 5 avenidas antes de chegar ao trabalho.
Ao me aproximar, vi pessoas surgindo
da saída do metrô na Lexington com a 59.
Eu disse: "Ei, os trens estão funcionando agora?"
Uma garota me olhou como se eu fosse louco.
Eu não era; Eu só queria saber.
Ela disse: "Sim, começaram às 9h."

Olhei pro relógio.
Eram 9h15.
Merda, pensei.
Estou atrasado pro trabalho.

Mendigo e Ferida

O homem estava tão perturbado.
Talvez fosse um ato,
como aquele que os outros mendigos já dominavam.

Tem uma garota, Shirley, que sempre
reclama que precisa de dinheiro pros filhos.
Fico pensando onde essas crianças estão.
Como ela consegue andar
pelos trens o dia inteiro sem eles?
Como pode pagar uma babá?

Eu sei, eu sei.
É um ato.
Um trabalho diário de atuação.
Sem-teto
e em necessidade.

Os golpistas são os melhores em abusar da empatia.

Todos têm um objetivo,
mas não é tão diferente de alguém num escritório
evitando responsabilidade enquanto espera a esmola.
Na verdade, os mendigos são bem ativos
se você pensar bem.
Estão fazendo algo,
em vez de olhar pro relógio
e esperar o depósito quinzenal.
Meus amigos dizem que sou um tolo
por gastar meu dinheiro com eles.
"Você está sustentando o golpe, cara."
Talvez eu esteja.
Talvez?
Acho que sou sensível.
Quero acreditar
que talvez exista alguma pureza nisso,
sabe?
É tão absurdo pensar que esse cara,
esse envergonhado,
azarado,
vulnerável,
corajoso, precisa de uma folga?

Todos precisamos de uma folga de vez em quando.

A gente nem percebe,
mas alguns de nós vivem a vida inteira baseados em folgas.
Esse cara pede um dólar.
Eu dou cinco.
Ele me olha.
Não sei se faz parte do truque ou não.
Não me importo muito.
Só espero que tenha ajudado.

Talvez tenha sido a folga que ele precisava
para se reerguer,
para acreditar que ainda vale algo,
para saber que as folgas acontecem,
para lhe dar um momento,
para permitir que ele esboce um maldito sorriso.

De qualquer forma, eu não quero o dinheiro.
No fim, ele só apodreceria minha alma.
De certo modo,
estou me dando uma folga.
Então, de certa forma, o mendigo e eu estamos no mesmo
esquema.
Se ao menos houvesse mais mendigos.
Acho que eu devia andar por aí
com mais notas de cinco dólares no bolso.

Um Palhaço Silencioso em uma Sala Cheia de Risos

(Ambiente de Reunião Corporativa)

Começa de novo.
Uma sala cheia de idiotas risonhos.
Cada um tentando provar que é inteligente.
Dizem as mesmas coisas que já disseram centenas de vezes.
Grunhem e perfuram os olhos uns dos outros
com perguntas ainda mais irritantes.
Colocam os dedos sob o queixo.

É, eu faço o mesmo,
ajo exatamente como eles.
Estamos todos nos esforçando tanto,
mas não sabemos porcaria nenhuma.
É só barulho e apito,
como tudo o mais que anda acontecendo ultimamente.

"Quem é esse palhaço tentando me dizer o que pensar?"
"Esse palhaço parece meio jovem."
"Ah, ele não sabe nada, ele é só um moleque."
"Ele não sabe de porra nenhuma."
"Não concordo com isso, acho que você está enganado."

"Vamos fazer esse palhaço se contorcer."

Ele está certo, na verdade está, mas eles não ligam.
Estão dentro daquilo,
juntos e propositalmente de mente fechada.

O palhaço tenta convencer as mentes teimosas.
Eles são obstinados.
Eles se protegem com o medo,
mas nunca vão admitir isso.
Eles vão enfraquecer, mas não tanto quanto deveriam.

"Parecia inteligente, mas ainda tem muito que aprender."

Não sei por que fazem isso.
Não sei por que alguém faz isso.
Qual é o sentido.

Acho que é orgulho.
Todos precisamos nos sentir importantes.
Todos precisamos ser notados.
Eu não me incluo nisso,
não digo uma palavra sequer,
e é exatamente assim que eles gostam.

No minuto em que o palhaço sai,
aquele que é mais esperto que todos nós,
eles fingem que não precisavam dele.
Todos fingem.
Assim como todo mundo:
Um mundo cheio de atores,
rindo dos que não estão atuando.

Tenho vergonha de ser um ator.
Tenho vergonha de ter rido.
Tenho vergonha de os palhaços não rirem.
Se ao menos ouvissem os palhaços, talvez pudéssemos progredir,
talvez não precisássemos atuar,
mas isso não vai acontecer,
não, simplesmente não vai.

Não deixaremos que os palhaços nos superem,
mas eu torço pelo palhaço.
Espero que o palhaço faça todos pararem de rir.
Espero que o palhaço faça todos calarem a boca.
Espero que o palhaço os faça parar de grunhir, e que
seus olhos se arregalem.
Espero que o palhaço os impeça
de sentar sobre seus estúpidos dedos.
Espero que o palhaço vença.
Espero que o palhaço dê a última risada.

Já estive errado alguma vez?
Bem, acho que a pergunta certa é:
Já estive certo alguma vez?
Minha resposta seria: 'Raramente'.

Sem

      crescimento

            não

                  há

                        nada.

A Beira Espera Nosso Salto

Há uma beira,
sabe?
Quero pular dela.
Talvez eu voe ou talvez não,
talvez eu mergulhe fundo no abismo.
Eu sei que seria mais fácil voltar.
Sim, seria mais fácil retornar
a tudo que é rotina e natural,

onde estou seguro.

Não posso!
Se o fizesse, estaria andando para trás
em direção às minhas sombras.
Quando se voa, a sombra fica sob você.
É somente quando você cai que sua sombra é encontrada.

O tempo me lembra do que não conquistei,

do que quero fazer,
de onde quero estar.
É um tique no meu ouvido e é irritante.
Eu coço para acalmá-lo,
mas não consigo me livrar dele.
Preciso dele tanto quanto o detesto.
Ele está lá,
e
me lembra,
me empurra,
alimenta minha motivação.

O curioso é que, se eu conseguir,
não sei o que farei.
O que será que acontece depois que você fizer isso?
Não conheço ninguém que tenha conseguido.
As pessoas ficam na beira da grandeza,
é tudo o que sei por enquanto.
Nenhum de nós deveria ousar olhar para trás.

Hora de Partida: 22h26
Hora de Chegada: Desconhecida

O motor roncava com a leveza de um ronronar, saltando da faixa
branca à direita para a linha amarela espelhada de dois não
-espera-tracejado-não-espera-sólido-novamente à esquerda.
As faixas formavam o único guia do veículo enquanto ele
avançava pelo filme transparente do ar.
As imagens eram instantâneas, deixando o motorista preso à
memória rápida dos momentos, mas o rolo nunca terminava.
Ele registrava os vislumbres:
eles o lembravam de onde ele tinha vindo.
Eram um sinal de para onde iria,
mas nunca havia garantia.
Ele gostaria de poder ver cada momento,
mas os faróis do caminhão eram fortes perto da base
e se tornavam fracos nas laterais.
Isso o fazia perder algumas coisas.
Ele queria viver mais.
Esse desejo insaciável o irritava.

Estaria se acomodando?

A ambivalência da viagem
era a realidade da vida do motorista.
Ele controlava os movimentos do veículo pelo olhar,
mas às vezes saía das linhas, perdia o rumo, planejava um desvio
apenas para ser interrompido
por uma barreira na estrada.
Os olhos dos outros o fitavam,
cegando-o de tempos em tempos.
Os vermelhos, amarelos e verdes intermediários
não estavam sob seu controle.
Às vezes ele era totalmente vermelho,
a pensar no que viria a seguir,
depois verde outra vez,
o pé no acelerador.
Os orbes alaranjados no céu se conectam, formando sorrisos
baixos.
As silhuetas dos braços da floresta
e dedos apontavam para o alto.

A névoa deveria tê-lo afastado de seu objetivo;
o inesperado, o desconhecido, deveria ter gerado insegurança,
mas não gerou.
Os galhos inspiravam o motorista.
Ele pensava em
seguir as linhas
ficar entre elas
ficar entre elas
parar na estrada
seguir as direções.

A bifurcação se aproximava.
Ele não conseguia vê-la,
mas sabia que estaria lá.
Já estivera lá antes,
e às vezes a névoa havia interrompido sua decisão.

Às vezes ele desejava
poder virar e seguir no sentido oposto.

Dessa vez, na bifurcação, as linhas apontavam à esquerda.
Era o caminho certo.
Haveria poucos obstáculos... e... seria seguro.

O motorista virou à direita.

As luzes, as linhas, as direções desapareceram,
mas no fim
ele chegou em casa.

Não me importo com a vaidade
contanto que as pessoas digam que sou bonito.

O Caixa

Estou fazendo malabarismo com latas de atum:
é a única coisa que posso comprar.
Nem maionese eu compro mais.
Por que faço isso?
Bem, prefiro comprar mais uma lata de atum.

A pilha está alta e eu a sustento
contra o peito.
Até uso o queixo como apoio.

Esta cidade não vai me quebrar.

Eu sei que vou conseguir,
sei que isso é apenas temporário.
Não vou deixar nada me derrubar.

O caixa fica logo na esquina
e está livre – espera...
Droga.
"Pode ir na frente." Digo à senhora idosa.
O carrinho azul combina com as mechas azuis do cabelo dela.
Areia de gato, leite,
e um pão branco.

Penso, "Anda logo – eu preciso ir."
"Sim, o leite custa 2,39 dólares."
"Não, não há promoção na areia de gato."
"Troco exato? São centavos?"
"Ela não tem o suficiente pro pão?
Você só pode estar brincando!"

Coloco as latas na esteira
e ela as puxa em direção à caixa.
Olho para o pão.
Elas também olham para o pão.

Olhares vazios não resolvem nada.

A caixa o pega
e se prepara para entregá-lo ao estoquista.
Eu a interrompo.

Olho nos olhos verdes da senhora,
suas pálpebras se estreitam, satisfeitas.

Pego uma das latas e
entrego à caixa.
"Troca?"
Entrego dois dólares.
O pão é colocado numa sacola de papel
sobre a areia de gato.
A senhora me abraça.
Ela sai.

Olho de novo para a pilha menor de latas.
O caixa.

Ela Não Sabe

O batom vermelho
uma bolsa Longchamp
uma jaqueta azul-marinho Barbour
uma garrafa de vinho embrulhada (provavelmente Pinot Grigio)
uma caixa de chocolates Godiva
e o medo.

Ela se pergunta, "Sou boa o bastante?"

Será que se encaixa no papel?
Ela caminha até seu assento com um olhar confuso.
Questiona suas decisões.
Terá feito a escolha certa?

Ela estaria bem sem as marcas.
Seria perfeita sem nada.
Sua máscara torna difícil perceber,
mas
ela não sabe disso.

Usa-a há muito tempo.

A Criação e o Criador

O criador deve estar só.
Deve sentar-se nas sombras
trabalhando em sua arte,
uma arte que só ele foi criado para fazer.

O trabalho, as distrações, as mulheres e os homens
podem não compreender o criador.
Não podem,
pois ele é dedicado à sua criação.

Cuidado.

Não esqueça sua arte.
Agarre-se a ela,
não deixe que os não criadores a roubem,
não deixe que a abusem,
não deixe que a mudem.

Não deixe que a estraguem.

Isso seria o pior.
Por favor, eu te imploro!
De todas as coisas,
não deixe que a estraguem.

A criação é a única voz que o criador tem.
Ele só fala quando está pronto.
O criador é paciente consigo mesmo.
O criador é paciente com os não criadores.

Agora está quieto.
Quieto
Quieto
Quieto
Sempre quieto.
É hora de ser ouvido?
Quieto, você!
É hora de falar?

Quieto, você!
O criador precisa que tudo fique quieto.

O criador deve ser cuidadoso.
O criador deve acreditar em sua criação.
Sua criação não é um item à venda.
Sua criação existe para inspirar.
Existe para conectar os não criadores.

A criação tem intenção.

O ruído começa,
o volume ultrapassa o limite.
As faíscas gritam.
A criação está pronta.
O criador deve estar só.

Diga algo importante.

Poema de Amor para Linda

Meu coração bate uma segunda batida.
Conhecer você é doloroso.
Como posso vencer esse sentimento,
uma atração emocional que não tem como vencer?

O amor é um instante,
um impulso,
uma força que não pode ser explicada.
Para você, significa o mundo
e você é
meu sacrifício,
minha emoção,
minha força.

Você é uma eterna fuga do comum.

Pois o amor verdadeiro é algo indefinido;
É uma sensação de euforia.
Quando um coração palpita e uma alma voa:
um pressentimento do que será e do que virá,
o momento da paz essencial,
onde toda substância se torna trivial.

Desperto, e a Mente Acelerada

Parece sempre vir acompanhada de uma luz
que deveria estar apagada.
Um relógio
que marca as horas de 3, 4 ou 5 da manhã.
Olhos
que estão cobertos por uma gosma verde-amarelada.
Minhas lentes sabem roubar a umidade.

Tento me convencer de que estou sonhando
ou que só preciso deitar de novo.
Mas sei que meus olhos me perdoarão
se eu tirar as lentes de contato.
Então, cambaleio até o banheiro
e espremo os olhos falsos para fora.
Na volta, paro para um lanche,
"Que se dane", digo.
Já estou desperto mesmo.
Está quieto agora.
Sento ao teclado e tudo ruge de volta.
Tento conter a calamidade arrebatadora dos pensamentos,
sons,
palavras.

Sempre palavras, elas são a única coisa que temos.

Tentar organizar os pensamentos é inútil.
Ninguém consegue acompanhar a velocidade com que a mente
funciona.
Há tantas palavras que quero escrever,
tantas coisas que quero dizer às pessoas.

Dispersas,
todas se lançam sobre mim neste instante.
Posso vê-las,
como uma camisa engomada usada pela primeira vez.
Depois somem.
Um único uso e a memória amassada.

Tento juntar os pedaços,
quaisquer pedaços,
para escrevê-los,
para acender algo depois.
Aos poucos, tudo se vai,
uma ruína pessoal,
um cuspe no olho,
um nó no ouvido profundo demais para alcançar,
um tombo no estômago que te joga ao chão.

O cursor na tela não se move.
Deito na cama.
Talvez eu acorde de novo.
Talvez eu capture um pouco da magia.

Deixe Brilhar

A vida pede drama.
Por quê deveria?
Não deveríamos suportar tanta dor.
Eu sei como você se sente.
Você tenta manter uma visão positiva,
mas é difícil se cegar para o desespero.

Tudo o que pode fazer é tentar atravessar.

É importante rir.
Apenas ria,
curve os lábios num sorriso.
Mesmo que as lágrimas caiam,
mesmo quando parecer inútil fazê-lo.
Caramba, ria da sua miséria.
Deixe acontecer.

Permita-se sorrir.

Há tanta pressão no jogo da vida,
sobre a maior parte da qual não temos controle,
a maior parte da qual somos manipulados para sentir.
Somos propensos a vacilar,
mesmo quando treinamos para confiar na contenção.

Permita-se escapar,
escapar do mundo,
escapar da sua vida por um instante.
Não há nada de errado em se afastar.
Toque sua música favorita e
feche os olhos e ouça sua própria respiração.

Só quando a luz atinge o ângulo exato
ela reflete de volta sobre nós.
Na maior parte do tempo pode ser escuro.
Espere pelo seu momento.
Quando ele vier,
deixe brilhar.

Deixe brilhar.

*Eu prefiro caminhar para sempre do que correr
uma maratona.*

Escreva

Escreva

Escreva até não poder mais.
Escreva até descobrir a magia.
Escreva até chorar.

Escreva

Escreva para inspirar.
Escreva para perdoar.
Escreva para lembrar.

Escreva

Escreva até que a maior história seja contada.
Escreva para mudar o mundo.
Escreva para tocar a vida de alguém.

Escreva

Escreva com o coração.
Escreva pela alma.
Escreva e nunca pare.

Escreva

A Rua do Meu Bairro

São 3h da manhã, e pedalo contra o asfalto.
Mal vou me lembrar disso amanhã.
Mas minha rua com certeza vai:
parece me conhecer bem.
Ela me ajuda a encontrar o caminho até minha cama.

É mais fácil conversar com minha rua.
Ela é a melhor ouvinte, e quase nunca retruca.
Sinto alívio em saber que ela nunca me julga,
não importa quantas vezes eu saia e volte a pisar nela.

Vivendo em uma Memória de Ontem

Eu estava esperando minha comida.
A sala começava a encher.
Vovô comia torradas com canela.
Vovó terminava um muffin inglês.

Comecei a ficar impaciente.
Olhei ao redor e vi todas as pessoas que conhecíamos.
Bem, todas as pessoas que Vovó e eu lembrávamos.

"Vamos, Sue, cadê minha comida?" Perguntei.
"Desculpa, Joe, está um pouco atrasado." Disse minha irmã.
"Mas eu pedi faz 20 minutos."

"Joe Lee, tenha paciência." Minha avó,
Vovó Marge, disse.
"Ei, Margey, dá um desconto pra ele, ele tem um jogo importante
mais tarde hoje à noite." Disse Vovô piscando pra mim.
Eu não via meu avô dar uma dessas
há tanto tempo.

"Joe Lee... basquete?! Ele já tem quase 30 anos,
Vovô – ele não joga mais basquete."
"Do que você está falando?" Eu interrompi.
Lancei um olhar para ela que deixava claro
que isso não importava.
"É, Marge, do que você está falando?" Perguntou Vovô.

Vovó parou.
Ela entendeu: a realidade não valia a pena ser dita.
Eu gostava de viver no passado de Vovô.
Nele, tínhamos permissão para lembrar.

Esses momentos eram bons.
Eram importantes,
mas também muito tristes.
Não nos deixávamos ficar tristes.

Sonhávamos com lembranças.

Eu via que a Vovó lutava.
Suspeito que era difícil para ela se manter firme,
mas ela conseguia – precisava conseguir.
Todos nós precisávamos.

Me surpreende o quanto relembrar é um dom.
Conversas que você teve — aquelas das quais você costumava
achar entediantes, podem se tornar tão preciosas.

Minha irmã me entregou um prato, "Aqui está."
"Obrigado, Sue."
Vovô olhou para Sue e depois para mim.
Ele ficou em silêncio.
Vovó desviou o olhar – não suportava presenciar aquilo.
Olhei para o Vovô e ele não me reconheceu.
O momento havia acabado
e não sabíamos
se outro viria.

Senti culpa por esquecer
o quanto a memória é valiosa.
Eu quis dizer isso,
mas apenas comi o sanduíche de café da manhã.
A cada mordida eu esperava,
esperançoso de que Vovô voltasse.
Esperei, mas só consegui dar quatro mordidas
antes de não conseguir mais comer.

Sue perguntou, "Por que você não está comendo?"
Não respondi.
Comecei a me afastar, mas parei.
Vovô disse, "É, Joe, você vai precisar de força
para o grande jogo de hoje."

Momentos mágicos são lembretes silenciosos
de que a loucura está por vir.

Imagens no Espelho

Acho que todos temos uma imagem de nós mesmos,
e passamos incontáveis horas tentando retratá-la.
Gastamos
dinheiro
tempo
e energia para parecer algo que imaginamos.
Tudo para que, em algum momento,
em algum instante,
possamos ser admirados como imagem.

Embora tenhamos ambições de sermos originais,
não conseguimos.
A originalidade já não é original.
A originalidade não passa
de uma falsa aspiração,
e sua feiura cresce da vaidade da mídia.

Mas nós acreditamos nela.
Na esperança de um dia nos destacarmos
do amontoado de caçadores de imagem,
daqueles que se perdem nas palavras ou respiram sem a chance de
aceitação.

Encolhemos.
Só podemos nos expandir ao recuar.

Movemo-nos em uma névoa criada pela
insegurança
desculpas
solidão
ilusões
acomodação de nossa própria cultura.

Calçadas de Outubro

Tudo começa com as meias.
O vento leve do verão, que soprava
contra meus pés descobertos, se foi.
As meias protegem meus dedos do arrepio do Outono.
As ruas parecem mais largas agora.
As conversas nebulosas de turistas, estagiários e visitantes foram
levadas para seus lares distantes.
A Madison Avenue está cheia de buscadores.
É a única coisa que protege a cidade.
Os veteranos fiéis se misturam aos novatos.
Quem vai resistir?
Um medo não dito se apresenta.
Será que alguém, qualquer um, chegará antes de você?
A apreensão e a esperança coexistem com o óleo e a água.
Em qualquer dia você pode se sentir desidratado.
Esse é o risco que se corre.
Passo por Hassan, o homem do carrinho de kebab.
Ele não me disse olá durante todo o verão,
mas hoje é diferente.
Sim, como em todo outubro,
um pequeno senso de confiança se restabelece,
para aqueles que sobreviveram.
É o microecossistema,
uma cidade em transição turbulenta,
onde a apatia se esvai e a ambição da estação
espera para se cumprir.
Aguentei mais um ano, mas, ei, veja só as horas.
Estou atrasado, mas não estamos todos um pouco atrasados?

Comece Sem Direção

Apenas comece.
Quem sabe onde você vai parar?
Quem sabe se você vai terminar?

Talvez não termine.
Isso não importa.
Muitos chegaram a lugares inesperados.
Às vezes, esses lugares são melhores,
outras vezes, piores.

Mas é melhor chegar a algum lugar.

Qualquer lugar é melhor
do que lugar nenhum.

Críticos e inimigos geralmente bebem juntos.
Eles têm muitas coisas em comum.

Pragmatismo com Amor e Mulheres

Não consigo mais fazer isso.
Não importa o quanto eu queira.
Não importa o quanto você queira.

Porra – Merda – Droga!

Estou triste,
não por ter te conhecido,
não por estar com você ter sido incrível,
não porque não dá certo,
não por não poder falar com você como antes,
não porque já não somos presente.
Mas porque...

Não se pode fingir o amor.

Foi um privilégio,
e eu sei que a gravidade de tudo
torna difícil acreditar nisso.
Minhas palavras já foram o ponto de partida.
Agora, nem consigo dar a partida.
Há dor em tudo isso,
mas não é a mesma para mim como é para você.
Para mim, a dor é saber
que vou ter que tentar tudo outra vez.
O medo permanece, como uma gota de óleo na água.
Ri com desequilíbrio,
exposto, preso, patético.

Não há mais o que dizer além de adeus.
A cada adeus, há um momento que persiste,
uma pausa,
uma esperança,
mas a realidade é sombria.
Me leva de volta – por favor – mas não posso viver!
Por quê?
Por quê?
Mais uma tentativa?

Eu penso nisso. Nós pensamos em ajudar um ao outro.
Você seria capaz de aliviar toda a dor?

Perguntas...
Perguntas sobre mais perguntas...
Perguntas que questionam cada pergunta,
até que a pilha fique alta e a resposta distante.

As lágrimas não valem a pena.
Devemos guardá-las para algo mais importante.
Isto já não é mais isso.

Isto já não é mais relevante.

Acenda um fósforo, mas não me jogue nele.
Não há nada a considerar; a chama logo se apagará.

É estúpido,
frustrante,
irritante,
confuso,
desprezível,
e o pior de tudo, cheio de arrependimento.

É pragmático, e eu odeio isso.
É o fim.
Acabou.
Tudo acabou.

As Pessoas de Fora

Não consigo tomar uma xícara de café e conhecer alguém.
Algo novo já não parece possível.
Eu queria que fosse.
Queria que fosse como era anos atrás,
quando parecer legal não era legal,
quando as pessoas realmente se importavam
com o que pensavam,
quando não tentavam imitar algo ou alguém.
Talvez eu esteja sendo sarcástico.
Talvez eu não confie em ninguém.

Quero acreditar nas pessoas.

Todos queremos,
mas estes são tempos tão vãos.
Condenados, incoerentes, a um sucesso frágil.
A luz brilha, mas pode ser forte demais.
Observo as pessoas.
As pessoas de fora, é assim que as chamo.
Faço pausas na escrita e as vejo passar.
Quero falar com elas.
Quero conhecê-las.
Por quê?
Para explorar,
para vencer o tédio,
a segurança,
o conforto.
Talvez eu possa aprender algo com elas.
Talvez elas possam aprender algo comigo.
Talvez seja perda de tempo.
Talvez...
Mas seria menos tolo
do que esperar que falem comigo.

Cuspidores de Fogo

Já me perguntaram por que escrevo poesia,
às vezes me acusam de fazê-lo por atenção,
para preencher o vazio durante festas,
para ter assunto num jantar.
Não tem nada a ver com isso:
não,
eu escrevo por mim.
Escrevo para contornar a terapia:
Não acredito em pagar por conselhos.

Mas,
além disso,
continuo escrevendo.
Escrevo pelos momentos em que não consigo respirar,
pelo ardor cru da realidade da vida que
embaça minha visão,
pela correnteza de medo, nojo
e revelação que me invade,
pelas nuvens acolhedoras que, quando se abrem,
chovem em mim com risos,
pelos passos que esmagam as pontas dos meus dedos,
pelos abismos que não existem,
pelas ladeiras planas que não me deixam cair,
pelas facas que se curvam ao serem lançadas,
pelas bebidas que me afetam como água,
pelos nervos que me tremem firme.

Por todos esses momentos,
sou grato à poesia.

Há mais:
a poesia me impede
de ferir alguém,
de corromper alguém,
de me apaixonar pelo cinismo.

Ela me permite
ficar só,
dar a mim mesmo algo em que acreditar,
ter um alívio passageiro,
ser acalmado,
ficar sereno,
ganhar mais um dia,
me forçar a acreditar no amanhã,
abrandar a frustração da inquietude,
ser eu,
pensar de forma anormal num mundo insano
que me diz para ser normal,
dizer foda-se à conformidade,
ao sistema e ao meu passado,
ser o rebelde,
ser o introvertido,
ser o extrovertido fingido,
gritar em silêncio,
pôr isso para fora,
ser egoísta,
preencher o vazio que precisa de atenção.

Devo tudo isso à poesia.

Faço também pelos outros,
pelos que precisam,
pelos que não sabem escrever,
pelos que se sentem deprimidos,
pelos que buscam falar,
por aqueles que olham para o relógio desejando que ele ande mais
rápido.

Todos nós já estivemos lá.
Na maioria das vezes, escrevo poesia para não voltar a me sentir
assim.

Todos passamos pelo fogo,
e as queimaduras não são tão permanentes
quanto nos disseram que seriam.

*Meus arrependimentos permanecem
os momentos mais reais da minha vida.*

Atirando nas Sombras

Somos apenas tão bons quanto ontem.
Eu sei que você questiona seu valor.
Você se pergunta,
"Será que melhora?
Algum momento será melhor que os passados?
Agora é o melhor que vai ser?"

Se você olhar para trás, estará atirando nas sombras
que refletem suas inseguranças,
mas você descobrirá que,
não importa o quanto você tente capturar o passado,
você não consegue.
Aquele tempo foi dedicado àquele momento,
àquela lembrança,
àquele sentimento.
E -
nunca poderá ser recriado.

As sombras não pretendem criar
um presságio sombrio do seu futuro.
Não importa o quanto você tente se agarrar
ao espírito, à inocência e ao amor pelo passado,
a dureza da realidade
perde completamente para a juventude.

É sua escolha como suportar o presente.
Você pode ficar, mas o passado é sempre familiar.
Ou você pode seguir em frente
e nunca olhar para trás, para as sombras.

Olhando adiante, sua vida vai melhorar.
Novas portas,
novas pessoas,
novas experiências,
novos momentos
vão se revelar.

Essa é a beleza mais pura da vida,
e você não pode encontrá-la
a menos que possa.
Lembre-se,
mas nunca tente recriar.

Seu tempo é curto.
Não o desperdice.
Há tanta luz para você.
Há tanto mais para você.
Hoje é muito mais brilhante que ontem,
e amanhã, mais ainda.
Nunca olhe para trás, nunca.
Viver na escuridão é fácil,
mas é uma vida desperdiçada pelo arrependimento.
Nunca recrie o arrependimento.
Nunca se afogue na tristeza.
Nunca atire nas sombras.

Boêmio

Vivo agora,
e vivo no passado.
Algumas coisas mudam aos poucos.
Há avanço,
 - sim, até corrupção, -
mas no fim é tudo igual.
As visões,
o acesso,
tudo parecerá ao alcance das mãos,
mas é apenas o cenário.
Uma engrenagem deliberada,
um plano para nos distrair do pensamento livre.

Uma mente turva é feita inteiramente
de nossas falhas.

É mais fácil não falar do que ser ouvido,
mas ao menos, escute.
Siga um caminho que o chame.
Evite questionar apenas por questionar.
Encontre-se e diferencie-se.
Evite seguir o rebanho.

Seja um rebelde.

Mas até rebeldes formam comunidades,
não é?
Eu só não sei em que acreditar.
Devo apenas continuar pensando por conta própria?
Não tenho certeza de nada.

Isso é o que todos temos em comum.
Nossa decisão afeta somente a nós no final?
Talvez não.

Precisa ser tão complicado?
A maioria gosta de tornar mais difícil do que é,
porque sem luta não há satisfação.
Os elogios sempre soam forçados.
Não sei como respondê-los
quando sei que não os mereço.
Não sei como agir.
Não sei,
e espero nunca aprender.

Enquanto Ecoa

Achei que já estaria mais longe agora.
Os pixels são mosquitos roendo meu cérebro.
É só quinta-feira e já estou pensando
em quando o pagamento vai cair.
As contas me movem.
Sou prisioneiro da mesa.
9 horas.
Uma refeição miserável ao meio-dia.
Amanhã será igualmente glamoroso.

Uma geração prometida ao sucesso.

Cada aspecto da minha vida resolvido aos trinta.
Tenho 28 e preciso de uma prorrogação.
Não sei o que vai acontecer.
Não é como se eu tivesse algum controle, de qualquer forma,
e é assim que deve ser.
Eu não deveria esperar:
é o sinal universal da educação,
esperar para escrever,
esperar para sair do meu emprego,
esperar mais de dois meses até ela voltar.

Mas eu espero, assim como todo mundo.

Chame de reclamação,
mas ambição e paixão não deveriam ser contidas.
As pessoas certas não vencem.
É preciso conhecer alguém para chegar a alguém.
Quem precisa de conexões, afinal?
Droga, eu não preciso de conexões.
Bem, talvez eu precise de conexões.
Onde se arranja uma maldita conexão?
Merda, não dá pra fazer isso sem uma conexão!
O pior é saber que você pode fazer algo,
mas é forçado a comprometer
o valor disso.

Droga!
Por que não consigo um agente?
Por que não consigo vender um roteiro?
Por que ninguém lê o que escrevo?
Caramba, prefiro atender uma ligação dizendo
como sou péssimo, do que esperar tanto tempo.

O ressentimento cria uma veste
costurada com o fino fio da agressão passiva.

Somos treinados a não dizer nada.
Paralisados pelo pedigree da injustiça social.
Esperando, esperançosos, delirantes:
todos eles encapsulam nosso estado de espírito.
Há os sortudos,
os que escapam,
ou pelo menos parecem escapar.
Conheço alguns.

Eles são os mais quietos.

Transformados em fantoches, eles nos observam.
Às vezes gritam na noite.
Fingem que é outra pessoa.
Eu ouço enquanto ecoa.
Eu sei que são eles.
Então, estamos juntos.

Através dos ecos da saudade.
Através dos ecos do sucesso.

As vozes são ouvidas por aqueles que querem ouvi-las.
Eu sei que minha voz será ouvida.
Talvez eu consiga?
O que mais há a fazer?

*Há muito mais gente fingindo ser criativa
do que realmente criando algo.*

Se Você Me Der Uma Estrela Dourada
Eu Vou Cagar Nela

Por favor, não me diga que sou ótimo.
Não diga que estou indo bem.
Não, não me diga nada.
Exclua-me das suas conversas.
Deixe-me de lado.

Mas quando precisar bater em alguém,
use-me como seu saco de pancadas.
Não, não me convide para os jantares.
Não, não pergunte sobre minha família.
Não, não fale comigo de jeito nenhum.
Por que falaria?
Eu não importo porra nenhuma.

É aí que você se engana.
Eu não devia ter medo de você.
Seu poder é fraco.
O silêncio é sua única arma,
mas eu já aprendi isso.

É tudo o que você tem,
e por mais que ache que me fere, não fere.
Eu rio de você quando não está por perto.
Quero zombar do seu medo!
Você é um idiota!

Tenho pena de você:
preso,
esperando que eu volte,
querendo que eu esteja perto.
Quem mais você tem?
Eu tenho muitos, tenho quem não me deixa de lado.

Eu tenho mais que você.

Você pode ter mais que eu,
mas isso não importa.
Sou completo onde realmente importa.
Tenho meu próprio ritmo,
e ele não tem nada a ver com você.

De Uma Mensagem Que Não Lembro

A jornada é vasta, árdua.
Uma caverna impressionável.
Cheia de
medo,
suposições,
sentimentos de inferioridade.

É preciso uma pessoa com força de vontade
para chegar ao fim.

O medo é algo que não compreendemos;
é algo percebido por almas vulneráveis.

Destroços no Painel
(Aventuras de Infância)

Os maços vazios de cigarro
estavam sempre em alta demanda,
Newport empilhados sobre Marlboro.
O luxo durava o mesmo que a emoção
que vinha no primeiro dia do mês.
O cheque do Estado chegava em uma semana,
Lisbon sabia viver com alegria breve.

À direita,
mais para o meio,
logo ao lado do volante,
ficava um Uncle Henry's,
o precursor do craigslist.
Online, você clicava e enviava um e-mail,
no folheto,
você dobrava a página e ligava depois.

Íamos ao Big Apples toda semana.
A gasolina era um pouco mais barata lá.
Os anúncios chegavam à banca às Terças.

"Olha só, isso sim é um bom negócio!"
Ele dizia isso pelo menos dez vezes depois.
Acho que nunca fechamos negócio em Lisbon.

Os negócios nunca pareciam se concretizar.

Mas era empolgante imaginar que poderiam.

Do lado do passageiro, o lado que eu chamava
de "meu lado",
os sacos de fast food e as batatas murchas e secas se misturavam a
lápis,
canetas,
tampas mastigadas de copos de café Green Mountain,
latas amassadas de refrigerante Moxie,
e tapeçarias de embalagens de carne-seca Slim Jim.

A bagunça sempre parecia exatamente a mesma.
Na primavera e no verão, eu abaixava o vidro e deixava voar
pedaços.
Às vezes eu não aguentava.
Isso acontecia menos no inverno,
quando eu jamais ousava abrir a janela.

Quando tudo ficava espesso demais,
quando era difícil ver a estrada à frente,
eu limpava.
Ele nunca dizia obrigado.
Eu não precisava.
Ele sabia que eu apreciava a carona.

Somos todos impostores,
trapaceiros
e ladrões.

O segredo é escapar impune.

Há Uma Linha Tênue Entre Felicidade e Luta, e Você Costuma se Inclinar à Luta

Você é feliz?

Não, espere, não responda tão rápido.
Não diga sim, não ou qualquer outra coisa.
Apenas pense nisso.
Pense em quando acorda.
Pense nas pessoas da sua vida.
Pense agora – apenas pense.

Não pense em outra pessoa.
Não pense no que ela tem.
Não pense no que você tem.
Não pense no que você não tem.
Não pense com a cabeça.
Não...

Pense com o seu coração.
Pense com a sua alma.
Pense no hoje.
Pense no amanhã.

Pense em ser feliz.

Tacos com Guacamole

Ela ficou atrás de mim,
tão distante como se nem estivesse ali,
convencendo-se de que não havia,
e nunca haveria,
nada entre nós.
E, pela primeira vez em muito tempo,
eu estava bem com isso.
Eu não precisava ter esperança
nem suspeitar que algo aconteceria.

Eu estava bem.

Eu queria que tivesse acabado?
Achei que deveria deixar pra lá?
Não, isso nunca foi do meu feitio.
Então, enquanto esperávamos pelos tacos de peixe,
senti uma leve pressão nas costas.

Ela se apoiou em mim.

Não era nada fora do comum.
Não era nada diferente
de outro amigo se apoiando em outro amigo.

Não era nada,

até que senti que era tudo.
Ela nunca vai saber disso.
Bem, é o que penso por agora.
Às vezes, queria que fosse diferente.

A vulnerabilidade desperdiça a força de um homem.

Não importa; é melhor permanecer contido.
Acho que sentimentos são piores para quem os tem.
Mas eu vou ficar bem.
Aceitarei seu apoio.
Nós dois viveremos a fantasia por enquanto.
É tudo o que preciso... por agora.

Fico imaginando o que ela precisa.

Talvez esse seja meu maior impulso.
Talvez agora não seja ninguém.
Espero que um dia possa ser eu.
É egoísmo,
realmente é,
porque não se pode esperar por alguém:
não funciona assim,
nunca funcionou e nunca vai funcionar.

Encontrar uma conexão é raro hoje em dia.

Forçar uma é falso,
imaginar uma é eterno,
viver uma é tudo.
Não sei o que vai acontecer com a gente.
Então aceitarei esta noite,
aceitarei o que ela me der.

As Páginas Dela

Ela não se abre com ninguém.
Há uma história que ela pretende contar,
uma forma como deseja ser lembrada.

Uma vez, eu escrevi em Suas páginas.

Havia um certo
tempo
momento
sentimento,
um estilo que funcionava.
Eu preenchi cada página.
Eu escrevi com cuidado.
Ela observava com cuidado.
Eu me esforçava para apaziguá-La.

Tudo o que eu queria era criar uma história de amor.

No começo, era fácil,
depois ficou mais difícil.
Eu nem queria olhar para Suas páginas.
Fingia um bloqueio criativo.
Não queria escrever sobre o que doía:
aqueles tempos
de brigas bêbadas
de ciúmes
de suposições
de medo.

Nosso relacionamento desmoronou por nada.

Eu ficava tão bravo com ela.
Ela, por sua vez, era igualmente cáustica.
Mas depois de momentos de retaliação e desgosto,
virávamos Suas páginas.
Completamente em branco, brancas.
Voltávamos um para o outro.
Não dizíamos nada.

Percebíamos como éramos tolos,
como nada daquilo importava,
como tudo "acontecera" no último capítulo.

Eu não devia,
mas não consigo evitar lembrar.

São sempre as pequenas coisas que mais me fazem falta,

o cabelo à meia-noite,
o espaço entre os dentes do meio superiores,
a pinta sob o olho direito,
o nariz redondo e pequeno,
a curva ao longo das costas.
Eram dela.

Tenho certeza de que havia coisas sobre mim
que devem ter sido
anotadas em Suas páginas.
Nunca consegui ler essas.
Nunca terei a chance.

Nossos dias estavam contados.
As páginas se tornaram finas
até que chegou a última,
quando a história teve de acabar.
Era tão boa.
Fui egoísta, talvez ainda seja.
Queria saber mais.
Queria escrever mais.
Queria ler mais.
Queria Ela mais.
Mas ela não queria,
ela não me queria mais.

Então eu escrevi.
Eu não podia mais procrastinar.
Demorei mais para escrever "O Fim"
do que qualquer palavra antes dela.

Depois que terminei, ela pegou Suas páginas.
Eu nunca mais precisaria escrever sobre elas.

Às vezes tento lembrar,
inutilmente tentando descobrir
que parte eu poderia ter mudado para fazer dar certo.
Posso me torturar com isso para sempre, suponho.
Talvez eu devesse encontrar alguém novo.

Qualquer homem tem sorte de escrever em Suas páginas.

Eles só não percebem o quanto
até notarem as páginas se afinando.
Quando já é quase hora de escrever:
"O Fim".

Não posso cantar uma música para você,
mas posso escrever algo
que irá inspirar você a escrever uma.

Empurrando

Por que eu afasto as pessoas?
Por quê?
Quando estou prestes a deixá-las entrar,
bem quando acho que consigo,
eu empurro,
empurro uma última vez.

Quero saber até onde posso levar isso.
É um teste que uso para ver o quanto as pessoas são leais.

Estou me empurrando quando faço isso.
Talvez seja errado,
talvez pareça cruel,
mas se eu deixar que me traiam,
serei o tolo.
Serei deixado de lado com os outros,
e ficarei preso na miséria da
crueldade,
engano,
mentiras
e solidão.

Não posso me permitir sentir isso.
Então eu empurro.
Eu empurro.
Eu empurro!

Existe alguém forte o bastante para me empurrar de volta?

Eu sei que, se aguentarem,
eles estarão lá por mim.
E, em troca,
eu estarei lá por eles.

Mal posso esperar até não precisar mais empurrar.

Aí está o problema.
Todos estão empurrando.
Todos.
Se ao menos pudéssemos parar de
mentir,
enganar,
guardar rancores.

Então poderíamos parar.
Então poderíamos parar
de empurrar.

Noites de Luta

Eu só preciso de um motivo.
Qualquer um serve.
Há tensão no ar.
Estou esperando por qualquer momento.
A quinta cerveja me encara.
Ela lubrifica minhas intenções.
Eu só quero brigar.
É isso mesmo, lutar!
Eu sei que tenho um bom emprego.
Eu sei que tenho uma boa família.
Sim, eu sei que é uma decisão estúpida.
Eu quero isso.
Eu preciso disso.
Não é a bebida que causa isso.
Bem, talvez me convença um pouco.
Mas não é o motivo.
É sobre eu sentir que preciso ter algo.
Uma voz?
Acho que sim.
Um direito de fala?
Sim, com certeza.
Minha raiva arde dentro de mim.
A tranquilidade de uma noite de verão disfarça minha fúria.
Se ao menos meu fogo não queimasse tão fundo.
Ninguém lida com isso além de mim.
Estou pronto para isso,
um sobressalto,
um olhar,
qualquer coisa.
Até uma respiração fora do ritmo me tiraria do sério.
Eu quero, mas não sei por quê.
É então que paro.
Eu apenas olho para a cerveja.
Está quase vazia.
Mais uma?
Não,
cinco é meu limite.
O barman me manda embora.

Venci.
Só eu sei disso.
A porta é a última coisa de que me lembro.
Uma volta da vitória me espera lá fora.
Sou guiado pela Broadway.
As ruas sempre me levam para casa.
Amanhã eu voltarei.
As bebidas serão servidas,
o bar estará à minha espera,
e a luta renascerá.
Estarei pronto,
vou pará-la antes que vá longe demais.

A tensão já basta.
Às vezes, o bastante vale tudo no fim.

A Beleza da Multidão

Há beleza dentro de todos nós.

Não devemos deixá-la ir embora.
Quando testares tua beleza com os outros, tem cuidado.
Vão te chamar de diferente.
Vão te chamar de anormal.
Vão te chamar de muitas coisas
nascidas da inveja de alguém.
Vão se perguntar se tua beleza torna a deles feia.
Não escutes essas perguntas.

Nunca esqueças o quanto tua beleza é preciosa.

Algo lhes aconteceu pelo caminho.
Eles esqueceram e desejam poder ser puros outra vez.
Por isso, te desafiarão.
Tu te perguntarás se deverias ser como eles.
Talvez tenham razão.
Talvez devesses recusar tua beleza.
Não o faças: é exatamente o que eles querem.

Só tu precisas celebrar tua beleza.

Não importa quanto os outros aplaudam.
Uma multidão de palmas se segue.
É preciso força para permanecer em silêncio.
Então aprende sobre tua beleza.
Melhora-a a cada dia.

Mesmo que sejas o único a vê-la.

As estrelas recebem seu brilho
dos loucos diamantes que brilham abaixo.

Belmont

Olho para o portão de largada, mas está longe demais para ver.
Não me importo: a verdadeira ação está abaixo de mim.
Fico feliz por estar nas arquibancadas altas.
As feras aguardam a liberação de sua presa.

Bolsões de espécies se espalham nas arquibancadas inferiores.
Homens de barrigas crescentes fumam charutos
tão rapidamente quanto mulheres magras como lápis tragam
Virginia Slims.
Mulheres escondem suas mágoas em frágeis chapéus de pavão.
Universitários nadam num mar dourado de amnésia.
Crianças, que ainda são a espécie mais pura,
fantasiam tornar-se jóqueis.

E lá vão eles!
O disparo da arma nos atordoa.
Há um instante de completo silêncio.
Todos fazem parte desse momento.
O começo.
Depois, cada um por si.

"Vamos, Wicked Strong!"
"Vamos, Medal Count!"
"Vamos, Commissioner!"
"Vamos, California Chrome!"

Torço por California Chrome.
Ele não vai me deixar rico.
As probabilidades são péssimas,
mas quero fazer parte da história!

Todos seguramos nossos bilhetes brancos como se fossem bilhetes
de loteria.
A única diferença é que todos
têm chance o caminho inteiro.

Na reta final, todos se levantam,
cervejas transbordam,
cachorros-quentes e nachos caem no chão.
Todos esquecem a realidade
por dois minutos e trinta segundos.

Depois que os cavalos cruzam a linha de chegada,
começa a nevar.
No meio de uma noite de verão,
cada floco de neve –
"Belmont, corrida dez, dois dólares para vencer o cinco"
um dia teve algum valor –
"Belmont, corrida dez, cinquenta dólares para mostrar o três"
um dia trouxe alguma esperança –
"Belmont, corrida dez, vinte e três dólares para colocar no sete"
cada floco de neve –
durando por dois minutos e trinta segundos.

Está Mais Perto do que Pensa

Está ficando cheio.
Os empurrões vêm com mais frequência,
até que não temos escolha
a não ser nos espalhar em caos.
Como se fôssemos fogos de artifício explodindo.
Logo caímos,
as faíscas se apagam.
Aglomerados novamente, buscamos nosso propósito.

Para onde a vida vai te levar?

Incontáveis nuvens crescem, e
cada uma paira com ambivalência não cumprida.
Resistentes à chuva, tudo permanece seco.
Está mais frio, e isso já parece normal.
Foi assim ontem, e amanhã será igual.

O tempo não deveria apenas passar.

Entendo por que as pessoas se arrependem de sair da cama.
Seria mais fácil dormir o dia inteiro.
Não teriam de ouvir o ruído,
a decepção que vem de
propósitos não cumpridos,
e-mails supérfluos,
abusos de poder,
mentes inferiores.
Não teriam de chamar isso de "vida".

E você merece se definir.

Obstáculos,
dos de fora, dos de dentro, de si mesmo,
sempre tentarão te desviar.
Corra dessas amarras.
Droga, corra de tudo.
O ritmo da conquista é exaustivo.
Nunca desista.

Às vezes não sabemos quando terminaremos uma corrida.
Às vezes nem sabemos como começar.

Haverá um retrovisor diante de nós.
Ele nos pede para continuar,
só mais um pouco.
Ele nos diz para aguentar.
Essa é a parte mais difícil de todas.

Lembre-se de sempre perseguir seu sonho.

É uma decisão maldita se não o fizer.
O esquecimento parece chegar
quando olhar para o espelho
se torna cansativo demais.

Só os fracos resistem a encarar o próprio reflexo.

A mudança vem se você esperar.
Raios de luz nos pegam em momentos inesperados.
Eles nos lembram,
não,
nos desafiam a continuar.

Temos de lutar para alcançar a glória pessoal.

Lembre-se de acreditar.
Mesmo quando as probabilidades estiverem contra você.
Mesmo quando estiver cansado do presente.
Mesmo quando o espelho parecer distante demais.
Corra, corra até ele.

Tudo o que você sempre quis está mais perto do que pensa.

Gênio

Uma palavra usada com frequência demais,
espirrada em nossos rostos como confete,
cada fragmento de cor flutuando,
uma convenção moldada pela superioridade social.
Um breve sentido de euforia suspensa.

Na festa, todos se perguntam,
por que não
você
eu
ou qualquer outro pensou nisso antes?

Depois, as cerdas da vassoura beijam o confete,
montes de gloriosos estilhaços
prontos para o lixo,
misturados entre
copos
pratos
e bandejas de queijo embolorado,
montes esquecidos do esplendor da noite,
até amanhã,
quando todos celebrarão o novo surto de gênio.

Sonhe com um lugar
onde toda a tua ansiedade
se desfaz.

Finjo Estar Deste Lado

Meu melhor lado é aquele que deixo poucos verem.
Aqui, sou o cara engraçado.
Claro, serei o cara que leva a culpa.
Acho que esse é meu papel das 9h às 17h.

Não posso mostrar meu melhor lado a eles.

Por quê?
Porque se eu fizesse isso
não teria meu emprego
não poderia ir às festas.

E pelo amor de Deus, eu não poderia perder outra festa!

Eu odeio essas malditas festas.
Odeio estar cercado de amigos falsos.

Odeio fingir ser esse lado.

Caixa de Leite

Algumas pessoas nunca saberão o quanto são grandiosas.
A vida pode se tornar um truque tentador.
Somos vítimas do desejo de imitar
alguém ou algo que se vê.
Desligue
o computador
o telefone
a TV
e feche os livros.
Nem leia este maldito poema!

Quão raro é pensarmos por conta própria?

Andar
é algo que tomamos como certo.
Pensar
se tornou um esforço.

Até nos colocarmos numa posição
em que esperamos ser incluídos,
em que esperamos sentir que pertencemos.

Ninguém pertence a lugar algum.

Somos todos andarilhos,
viajantes sem lugar para ir,
movendo-nos de forma transitória em direção a um lugar
desconhecido,
uma existência
baseada na crença de que em algum ponto chegaremos lá.

Vivemos em um mundo perdido.

Eu diria para ter uma viagem segura,
mas não há nada de seguro na jornada de ninguém.

Fardo Retraído
(Geração, Millennial)

Quando penso nos Millennials,
vejo uma geração
vitimada por estímulos incompreensíveis,
o pensamento livre perdido pela
imensidão sufocante de informação
liberada pelos infinitos aquedutos da tecnologia,

passatempos apreciados apenas por seu potencial
de virar negócio,
a alegria das experiências da vida apressada pela tentadora ideia de
que se pode lucrar com elas,
a vida medida pela qualidade dos dólares,

relacionamentos cheios de vaidade,
o orgulho na aparência tornou-se um tédio constante.
A inveja das celebridades dissipa
o fervor de ser diferente.
A incongruência sangrenta da vida pede plateia,
ouvidos de um bando de não-pensantes.

Por que ninguém faz perguntas?
Você pergunta, que tipo de perguntas?
Perguntas sobre si mesmos.
Perguntas aos outros.
Qualquer pergunta.
Qualquer.
qualquer coisa.

Desafios supérfluos transformam mentes capazes
em fofoqueiros inferiores
ocupados pela selvageria vazia das distrações,
a prioridade da vida tomada ao pé da letra,
inspiração extraída de conquistas falsas,
admiração baseada em "likes" e "visualizações"
em vez de letras,
impressões que duram apenas um instante.

Temo que o termo "ícone" pereça.
Não consigo pensar em um
Hemingway,
Fitzgerald
ou mesmo um Bukowski
vivendo nos dias de hoje.

Damos tapinhas suaves nas costas
por termos escolhido levantar hoje.
A sensibilidade é vencida pelo cinismo.
A diligência é abafada pelo direito.

Esta geração tornou-se recolhida,
confinada a uma visão de periscópio do mundo,
uma visão estreita, cega diante das vastas possibilidades,
se descartando antes mesmo de dar
uma chance a outros caminhos.
Sobrecarregados com tudo isso,
parece que ninguém está disposto a carregar o fardo.

A memória é uma desvantagem
se a realização ainda não foi alcançada,
mas os momentos que antecedem a concretização
cavalga a tênue linha entre desejo e complacência,
ambos refletindo resoluções dicotômicas.
Onde você vai parar?
Depende do quanto quer se lembrar.

#estilodevida

O
ano
é
jovem
e
a depravação
vai
acontecer.

O Complexo

Há um sentimento persistente de urgência.
Parece vir da antecipação,
talvez nascido de um desejo profundo de conseguir.
De fazer.
De fazer algo.
De causar impacto.

É por isso que posso ser perigoso.

Eu não machucaria ninguém,
mas isso me deixa só.
Não tenho rede de segurança.
Se eu caísse, não haveria nada para me segurar.
Então por que eu faço isso?
Qual é o sentido de tentar vencer as probabilidades?

É algo em que se nasce.

Aqueles que já têm isso tentaram me desviar do caminho.
Sua oposição nunca vem da minha capacidade.
Só eu posso tomar a decisão final de parar,
mas há um problema para minha oposição:

Eu não sei parar.

Meu anseio me permite superar
o vazio silencioso de não saber se vai acontecer.
Mas eu espero por isso.
Eu acredito.
Eu sei que há pessoas, contando comigo.

Ninguém jamais saberá o quanto afeta os outros.

Desistir também não é algo que te define.
Mas, se for, então você desistirá.
Então vá agora.
Deixe que o próximo ocupe o seu lugar.

Você não vai.
São necessárias muitas pessoas para encerrar algo.

Basta uma pessoa para começar.

O Giro Selvagem

Às vezes nem sei o porquê.
Há uma adrenalina impecável,
e mesmo assim tenho medo de perder tudo o tempo todo,
mas vivo disso, me alimento disso e odeio isso ao mesmo tempo.
Agora aqui estou, tagarelando sobre isso
e me sentindo completamente normal,
neste bar pequeno, igual ao de Lewiston.
Lá tudo é fácil
e eu o deixei.
Eu poderia voltar.
É minha escolha, acho, mas – não volto.
Recuso-me também.

Agora bato no balcão do bar como se fosse um tambor.
A cada pancada, grito,
"Selvagem, Selvagem, Selvagem."
O barman me olha como se isso fosse completamente normal.
"Sabia que eu durmo com as luzes acesas à noite?"
Ele ri, porque já ouviu isso de mim dez vezes.
Tento me acalmar,
mas uma imagem radical circula na minha cabeça:
um carrossel enlouquecido
no lado oeste do Central Park.

Quando suas engrenagens giram,
meus fracassos coincidem com a beleza do acaso.
Não consigo me conter.

Eu acredito no acaso.

Essa crença me permite escapar do aperto da inércia,
e o brinquedo gira, cada vez mais rápido, e a selvageria disso tudo
me consome.
Não desço, não peço ao condutor que pare.
Eu me agarro,
pela minha maldita vida, eu me agarro!
Seria mais fácil soltar.
Eu nunca deveria ter subido nessa volta.
Mas quando digo isso, não sou eu.
Não é verdade.
Estou preso e completamente cativado,
viciado no giro selvagem.

A paixão nasce
daqueles que não sabem nada melhor.

O Dia de Trabalho

O elevador toca e as portas se abrem no 9º andar.
Corro até o ponto eletrônico.
Ele lê minha mão.
8h59.
Consegui por um triz.

Sou tão sortudo por estar aqui.

As telas do computador riem de mim o dia todo.
A passiva agressividade me lembra que não estou no comando.
E-mails... ninguém mais fala.
"Essa é a sua função, não a minha. Mas eu fico com o crédito."
"Ah, eu disse para fazer isso – mudei de ideia – faça aquilo."
"Por que isso ainda não foi feito? – não atrase."

Sou tão sortudo por estar aqui.

Obrigado por me tratar como lixo.
Mas eu faço meu papel.
Sorrio um sorriso de plástico.
Concordo com tudo o que você diz.
Você não vai notar a diferença.

Sou tão sortudo por estar aqui.

Eu preciso do dinheiro.
Preciso dele para o buraco onde moro.
Preciso fazer companhia aos ratos
que correm pelas paredes enquanto tento dormir.
Preciso alimentar o cachorro que caga e mija
ao lado da minha cama.
Preciso ouvir as batidas na parede
enquanto meu colega de quarto satisfaz uma mulher.

Sou tão sortudo por estar aqui.

Fica silencioso depois das 16h.
Uso a última hora para almoçar.
Antes não houve tempo.
Ocupado, Ocupado, Ocupado – sendo ocupado.
É tudo ruído – mas o show deve continuar!
Uma distração do que eu realmente quero fazer.

Sou tão sortudo por estar aqui.

Estou ansioso para mais tarde.
Vou sentar e escrever.
Sim, sentar e escrever.
É aqui que me lembro.

Sou tão sortudo por estar aqui.

Sono Leve

Adormeci no meu quarto com todas as luzes acesas.
Sei que vai acontecer de novo.
Minha vida anda tão veloz neste ano,
iluminada por um novo impulso.

Eu me sinto tão vivo.

Qualquer um pode se esconder na escuridão.
Mas eu não quero me esconder.
Não como fiz no ano passado.
Não, eu só quero estar na luz.

Impulso Com Ela

O vazio da minha cama era incomum.
O zumbido da geladeira virou uma voz constante para mim.
Ela me lembrava que eu ainda estava vivo.
Os carros passavam correndo pelas poças.
A chuva tinha ido embora há horas,
e com ela, seu som acolhedor.
Eu desejava uma última gota.

As persianas da janela eram lâminas afiadas.
A luz as devorava.
Ainda não pendurei cortinas.
Os feixes brilhavam no chão e
me lembravam de um show a que fui.
Ninguém se apresentava agora.
Eu era o único na plateia.
Sentei,
pensei em tudo o que poderia fazer,
em todas as pessoas com quem poderia estar,
mas não me movi.

Continuei ali, pensando nela.

A expectativa de um Sábado à noite
é uma falácia cultural.
As gentilezas breves se arrastam.
A intoxicação preliminar dita um tom melancólico.
Os bares esperam,
chamam.
Em alguns casos, acenam com um grito.
A ânsia por
aceitação
sentido
ou qualquer tipo de sentimento
espera no fundo de um copo coberto de espuma e âmbar.
Mais uma rodada?
Encha de novo!
Ainda estou tentando encontrar!
Agora grito,
fico louco por isso.
Assim como todo mundo.

Depois,
não há nada.
Tenho inveja de mim nesses momentos.
A capacidade de ser tão livre.
Já não fico ansioso.
Não vai demorar até ficar de novo.
Não há o que segure a natureza apática da embriaguez.
Perdi a capacidade de me importar justamente quando mais
preciso,
e é por causa desses momentos.
Eu sei
que o som da solidão é melhor do que não ouvir nada.

Não tenho certeza,
mas
penso nela.
Será que ela é a resposta?
Não sei.

Sem ela, acho que não consigo encontrar resposta alguma.

Por sua vez, ela procura algo.
Será o mesmo que eu?
Talvez?
Provavelmente não.
É algo só dela.
Então aprendemos a crescer juntos.
A lembrar um ao outro que, juntos,
somos melhores.

Qualquer um pode te ouvir,
mas isso não é estar presente.

Era inevitável, eu acho.
Talvez nem dependa de mim.
Estar só cobra seu preço,
embora nem sempre de forma clara no começo.
Faz você pensar,
faz você parar,
faz você entender.

Interromper o impulso é difícil.
Geralmente acontece quando menos se espera,
nos momentos em que você desaba por completo.
Ficar com raiva?
Por quê?
Não vai durar;
Você vai acelerar de novo,
preparado para a próxima corrida.

A luz de um carro atravessa as persianas outra vez.
Está se movendo diferente agora.
As poças são tocadas, não estilhaçadas.
Ainda ouço o zumbido da geladeira.
Quando olho para a cama,
ainda
ela não está lá.
Ela costumava estar,
sempre.
Mas agora algo a chama de novo,
e eu sei que, na próxima vez que os carros passarem e a luz cortar
o chão,
não ouvirei o zumbido depois
de ouvir uma voz.

Ela será sempre meu doce amor.

Quero permanecer
selvagem,
ingênuo
e delirante;
ao menos assim,
os sonhos continuam ao alcance das mãos.

Flutue com os Outros ou Mova o Cursor

As festas
O trabalho
A bebida
As expectativas ridículas da família.

Os matadores de pensamento.

Levados embora como troncos no mar.
Cada vez mais longe,
ruma ao infinito entre o céu e o oceano.

Envenenados pelos assassinos.

Um homem precisa ficar só.
Pode ser a experiência mais assustadora,
mas se ele permitir que aconteça,
vai se entender melhor.

Os assassinos não se entendem.

Não atenda as ligações,
as mensagens,
os malditos snapchats.
A tecnologia só serviu para perturbar o pensamento.
Sim – é importante.
Sim – tornou-se essencial.
Mas se te pegarem folheando uma tela limpa,
o cursor, esperando escrever a história da tua vida, vai piscar
piscar
piscar.

Não espere pelos assassinos.

Eles não vão perguntar sobre teus verdadeiros pensamentos.
Não espere para dizer algo grandioso.
Só você precisa ouvir.
Diga algo importante.

Teus pensamentos são resgatáveis.
São teus para oferecer ao mundo idiota.
Ninguém pode recriar tuas manifestações.
Os assassinos podem tentar copiar,
sim, podem roubar e fingir ser outros.

No fim, teus pensamentos não pertencem aos assassinos.

Quando você acreditar nisso,
os covardes que
tuitam,
mandam mensagens
e mendigam por "likes" vão se perder sem você.
Tentarão nadar contra a corrente.

Logo, os assassinos serão esquecidos.

Você estará só.
O sol baterá no seu rosto.
Teu cabelo cintilará
enquanto o vento massageia devagar cada fio.
E você vai pensar mais.
Vai acreditar mais.

Vai criar mais.

E quando terminar,
ele estará à espera de novo.
O cursor que está
piscando
pisca
pisca.

Passeio de Alegria

'Porque se você vai' andar comigo,
não é sobre fugir.
É sobre chegar lá,
descobrir o que vem depois,
conhecer pessoas,
todos os tipos de pessoas,

Quanto mais estranhas, melhor.

Eu não quero segurança.
Gosto da fronteira
entre o louco e o selvagem,
o possuído e o insano,
implacável sem ser imprudente.

É isso que eu quero.

É com isso que eu me identifico.
Se não é o que você quer,
sugiro ficar longe.
Não seria exatamente do jeito que deseja.
Mas se esse é o seu jogo,
vem comigo nesse passeio de alegria.

Todas as Estradas da Juventude Terminam em Austin, Texas

Éramos criaturas noturnas pré-verbais,
bebendo cerveja barata,
ouvindo microfones abertos
e confiando no otimismo.
Uma comunidade de millennials embriagados,
a besta da noite nos seduzia.

Nossos espíritos, hipnotizados por esperança, medo e desespero.

É melhor estar aqui
do que em qualquer outro lugar.

Olho para minha antiga alma,
aquela que ansiava sentir.

O modo como a juventude engana e te faz acreditar.

Observo e não posso evitar.
Sinto falta daquele senso de aventura
e da emoção do otimismo.

Aprendi que os limites da minha vida estão se estreitando.

Estou fugindo?
Da pessoa que devo ser?
Não sei.
Tento acreditar que ainda há tempo para explorar.

Preciso de um momento sozinho para me recompor.

Kelly se aproxima e pergunta: "Você está bem, amigo?"
"Estou,
não estou,
não tenho certeza," digo a ela.
Sei que invejo os tempos em que me sentia perdido,
os tempos em que meu espírito gritava.

Sinto falta de ouvir o som da minha juventude.

O grupo me lembra
dos sonhos que tive,
dos sonhos que ainda restam.
Segue uma quieta desesperança,
uma jornada de uma vida inteira para alcançar um momento.

Quando suspiramos nosso mais verdadeiro fôlego.

O fim da juventude é algo tão frágil.
Escapa de nós no exato momento em que mais o desejamos.
A sociedade nos pressiona,
não no sentido de explorar,
mas na urgência do tempo.
Ele tique-taqueia, vibra e nos enfurece.
Eu queria que não fosse assim,
mas acho que precisa ser.
Algo deve nos lembrar de como é tolo desperdiçar.

O tempo é um aviso cruel de que o para sempre não é para
sempre.

A noite,
um véu negro sobre um passado cinzento.
Ansiamos viver tudo pela primeira vez.
Mas em vez disso, crescemos.
Ainda assim, resistimos.
Às vezes –
estamos desesperados para esquecer.
Outras vezes –

estamos desesperados para lembrar.

A atração supera a restrição, e seguimos em frente,
mesmo quando seria mais fácil não seguir.
Enquanto acreditarmos na raridade da luz,
agarramo-nos a essa crença,
pois sabemos que até os mais delirantes já triunfaram.

Uma memória torna-se vítima da emoção.

O senso de banalidade do presente ri de nós
enquanto ansiamos repetir o passado,
voltar aos nossos antigos eus,
como se tivéssemos nascido de novo e experimentado tudo
pela primeira vez.
Quando a emoção da descoberta era fresca.
Mas nos distraímos durante as primeiras experiências.
Incapazes de apreciá-las por completo,
tornamo-nos vítimas apenas depois.

Atormentados pela nostalgia.

Mas as cervejas continuam chegando.
As músicas continuam tocando.
Os desajustados e eu brindamos mais uma rodada.
Danny está no palco,
prestes a puxar alguns acordes.
Absorvemos tudo.

Agora estou triste.
Diferente dos outros,
eu já estive aqui antes,
e o amanhã chega depressa demais.

Vou sentir falta disso.

Quando a viagem acabar e eu voltar à minha monotonia diária,
sentirei ainda mais falta disso.
E
até nos dias vindouros, quando eu for bem mais velho que agora,
depois de muitas histórias e experiências me atravessarem,
vou pensar nesta noite, pensar neste momento.

Vou sentir falta disso.

O sucesso não vai te matar, a paixão para chegar lá vai.

Eu Não Resisto - Deveria - Mas Não

Eu poderia escrever sobre ela.
Não é sempre assim com as garotas.
A pior parte?
Às vezes, aquelas sobre as quais você escreve não prestam.
Essas garotas... elas são um péssimo hábito para mim.
Não consigo evitar.
Não me detenho.
Sinto-me mais inspirado a escrever sobre elas
do que sobre as *outras* garotas.

Penne alla vodka

Está -11 graus Celsius
e eu seguro uma travessa gelada
de Penne alla vodka.
Sobrou da reunião da semana.
Fiquei até tarde só para garantir.
Não podia deixar desperdiçar!
O dinheiro está curto este mês e cada sobra ajuda.
Só queria que não estivesse embrulhada em papel alumínio.

Estou apressado – tentando vencer o meu próprio fôlego.
Tudo está frio.
As bicicletas estão frias.
As lixeiras estão frias.
A caixa de correio está fria.
A maldita massa penne está fria!!

Não consigo mover os dedos,
eles queimam – e as pontas estão pegando fogo.
O rigor mortis se instala e minha mão direita endurece.
Estou equilibrando a bandeja e sacudindo a outra.
"Vamos, mão, para de queimar."
Isso não faz o menor sentido!

Escorrego no gelo negro
ao virar a esquina da 44 com a Broadway.
Derrubo a massa.
Ela se espalha pelo chão.
O molho endurece como a cobertura de um bolo de concreto.
Os macarrões se tornam frágeis,
sedentos por amolecer sob água quente.
Minha luva direita continua grudada na panela.
Arranco-a e a coloco de volta na minha mão.

Subo as escadas até meu apartamento.
No momento em que entro na área de correspondência,
minhas mãos revivem.
Tudo que consigo pensar é no Penne alla vodka.
Devo voltar para buscá-lo?
Sim – mas não – não posso.
Deve estar congelado no chão agora.
Os ratos serão os primeiros a roer.

Chego à porta.
Estou com fome.
Estou exausto.
Bolso ou Jaqueta?
Onde estão minhas chaves?
Não estou com as malditas chaves!

Vou ter que sair no frio outra vez.
Vou ter que ir
de metrô,
voltar ao trabalho
e pegar a porcaria das chaves na minha mesa!

Mas antes de tudo isso,
vou ter que passar
pela porcaria do Penne alla vodka...

Os Lutadores do UFC

Estas são as almas mais corajosas.
Têm que ser.
Eles precisam sacrificar tudo para vencer.
As horas não passam na academia.
Não, o tempo passa em dias, semanas e meses.
Às vezes, a chance
demora anos para chegar.

Longos períodos de autodisciplina.
Família, amigos, maridos e esposas tornam-se estranhos.
Eles se escondem em ginásios frios.
Treinam e resistem.
Passam fome.
Eles permanecem focados em um mundo cheio de dúvidas,
mas nunca podem duvidar.
No momento em que começam, perdem para sempre.

É preciso ser um homem ou mulher selvagem para ficar nesse
jogo.
Quem em sã consciência fecha os olhos
e imagina socos e chutes voando contra si,
movendo-se diante de espelhos,
enquanto é obrigado,
o tempo todo,
a encarar seu maior oponente...
a si mesmo,
perguntando, perguntando,
será que é bom o bastante?
Sim, sim, é por isso que se tornam lutadores!

Eles se empurraram
até o limite da insanidade humana.
Os limites estão a poucos passos de distância,
seria muito mais fácil para eles pularem.
Assim como o resto de nós.
Mas não o fazem,
eles olham para baixo e não suportam ser meros mortais.
O propósito de suas vidas exigiu mais.

A parte mais triste é que, para a maioria,
a perseguição será sempre pequena.
A perseguição pode desaparecer por completo.
A idade levou vítimas demais,
e até os melhores precisam compreender
que a idade acaba com tudo.

Para os escolhidos,
aqueles que não aceitam nenhuma dessas realidades,
os que não conseguem pensar em mais nada,
não conseguem imaginar fazer outra coisa,
os que não têm medo,
os que estão dispostos a morrer,
os tipos de pessoas que todos nós desejamos,
pelo menos uma vez, ser,
aqueles por quem assistimos,
por quem rezamos,
por quem sofremos,
por quem choramos,
em vitória ou em derrota,

uma vida, um lutador,
dedicado ao UFC.

A negação é uma virtude.

O Lado Oposto do Tempo

Tempo,
é o maldito helicóptero nas suas costas.
Pairando sobre cada movimento.
Um lembrete maldito do que você quis
e
do quão pouco você tem.

Estou sempre com pressa.
Correndo
correndo...
Que se dane, pressa!

Eu não prescrevo o "era pra ser".
Não,
cai fora, cara, se você acredita nisso.
Eu vou fazer acontecer.
Sou teimoso pra caralho.
Ambicioso pra caralho.
Louco pra caralho.

Eu vou chegar lá.
Vou sim!
Quanto ao tempo,
ele não estará do meu lado.

Xadrez Americano

(Heróis Cotidianos Desonestos)

As crianças aprenderão sobre isso,
as formas como podem se mover,
tecer
e desviar.
Brincarão com a empatia
e usarão a emoção para disfarçar sua incapacidade,
vidas vividas como iscas.

Neste jogo da vida,
explorarão as brechas,
se tornarão mestres da ilusão social,
derrubando a diligência,
a disciplina,
a dedicação,
treinados para rejeitar
qualquer coisa que brilhe com responsabilidade,
peritos em agressividade passiva,
culpados de nada,
sem nada feito,
nada movido,
nada,
nada de fato.

Os professores ensinarão isso
porque os professores já foram eles.
A matéria encobre
um espetáculo deslumbrante de adaptação subjetiva.
Confusos pelos professores,
confusos pelos pais,
são ensinados a se confundir
com aqueles que mais admiram.

Crescemos numa sociedade que
nos empacota,
nos recompensa,
nos rotula.
Rápido demais, encontra um jeito de nos diminuir,
deixando adultos treinados para lutar sem fim
uns contra os outros.

Pois, quão rápido viramos o rosto
quando não recebemos
os aplausos?
É aí que o mal desperta.
O crescimento de qualquer coisa é abafado.
O desejo interminável de ser
querido e admirado,
a falsa crença de que precisamos estar
num lugar de prestígio,
um presságio da perda do nosso potencial,
é isso que aprendemos.
E assim,
os americanos são criados para serem retraídos.

Dizem que a saúde mental vai nos salvar,
mas como acreditar no terapeuta que precisa de terapia
ou que nos receita os remédios para nos manter
dependentes deles,
pagando-os,

os impostos dos que mais trabalham
gastos com aqueles que
atuam,
que tiveram maus pais,
que sabem que a manipulação vale mais que qualquer talento?
Eles jogam o jogo mais refinado.
O progresso do país será sufocado por esse jogo.
O medo de ficar de fora alimentará suas chamas.

Todos queimarão na
insuportável,
compreensível,
loucura
do jogo.

Para aqueles que lutam por honra,
espreitando sozinhos e criando,
os dados rolarão,
os números mentirão,
e eles nunca quebrarão o banco.

Quando a criança
chora,
implora,
nos dá uma resposta honesta,
nós a chamamos de fraca.
Quando a criança
se cala,
tenta tirar a própria vida,
esconde-se atrás de uma máscara de engano,
nós a chamamos de corajosa.
O país lhe dá dinheiro, uma casa, comida e um terapeuta.
Toda a atenção
que poderia esperar de NÓS.

A honestidade é perigosa.
Os que carregam a verdade
tornam-se vítimas ingênuas do jogo.
O jogo se volta contra eles.
Os devora.
Faz deles a abelha operária,
descarta a inteligência que possuem,
os coloca longe de
poder,
inovação,
e os submete à direção de monstros,
aqueles que garantem que o avanço desabe sobre si mesmo,
como uma ponte,

construída por tanto tempo,
mas, quando falta apenas o último pino,
toda a estrutura desaba,
só para o projeto começar de novo.

Esta é a América.
Este é o preço pago pelos indivíduos trabalhadores.
Esta é a terra da liberdade.
Esta é a terra dos descuidados.
Nós nos deleitamos em uma triste desordem,
caos misturado à retumbante ignorância vinda
dos atrasos em
desenvolvimento,
possibilidade,
e ambição.

O governo nos dirá o que quiser.
A mídia mostrará
tudo o que alguém os paga para nos mostrar.
As pessoas acreditarão neles,
darão suas vidas
para ouvir o que lhe dizem fazer.
Eles seguirão como manadas de antílopes em busca de água.
Buscando nada além
do caminho mais fácil
para comer e digerir a comida,
e depois excretá-la;
então, quando a fome voltar,
buscar o próximo banquete.

O movimento continua árido e sem direção.
Nossa intuição é esmagada.
O espírito de qualquer homem arrancado dele
antes que possa se firmar.
Os dias mais escuros escurecem
com a decepção que paira.
A descrença interior.
Os caçadores esperam pela presa,
a presa já está derrotada.

Homens brilhantes viram balconistas.
Balconistas viram presidentes.
Se ao menos o papel estivesse em branco desde o início,
os professores nos deixariam explorar.
Se ao menos as metas fossem coesas,
o progresso prevaleceria.
Se ao menos o jogo não existisse,
então a insanidade não destruiria as mentes.

Uma capa cintilante espera para ser lançada sobre nossos olhos,
a atenção desviada
por esta distração,
ou por aquela,
com mais distração à espera,
até que nada fique claro.
A névoa paira diante de nós,
mantendo-nos humildes.
E se ousarmos olhar além dela,
nossos olhos se fecharão,
permanecerão fechados,
até que voltemos à complacência.

Isso pode te derrubar.
A culpa vem em seguida,
impulsionada pelo impulso intelectual
do pensamento profundo.
Veias de contemplação sublime pulsam,
e quando o sangue se acumula,
traz um sombrio senso de desespero.
Cada parte do corpo
fica pesada e mover-se torna-se difícil.

Mas os buscadores submissos se opõem a isso.
Eles acreditam na pureza.
Eles inspiram a minoria a acreditar
que é preciso mudar.
Uma força os puxa para fora da engrenagem enlouquecida da
vida.
De pé,
num tabuleiro de xadrez sem peças.
Onde só os espaços se movem.
Cada passo é controlado pelo tabuleiro.
Sem saber,
mas acreditando
ser possível
superar.

Degraus da Cidade

O fim da semana –
Sorri tristemente, sem coragem.
Os degraus da cidade batem no asfalto,
criando uma melodia sórdida de miséria.

Atento em ouvir,
fecho os olhos,
não me movo.

Que cidade.
Que canção triste.
Que modo estranho de acalmar minha alma.

Pensar demais é uma característica natural de quem vive na cidade de Nova York.

Erros

Houve erros.
Infelizmente,
houve muitos.
Espero que você não tenha acumulado tantos.
De verdade, não desejo isso a você.

Mas,

se tiver alguns, não se castigue.
Não revire o passado.
É uma poção delirante.

E,

se você deixar,
ela vai permanecer nas suas veias.
Vai entrar em cada órgão,
e se infiltrará em sua alma.

Mas,

pare antes que se infiltre em seu coração.
Sim, os erros podem fazer isso.

E,

espero que sejam poucos e distantes.
Espero que você tenha coragem de se perdoar.
Espero que possa ser forte,
porque sempre haverá erros.

Derrame em Mim

O mundo não é tão difícil.
De verdade, não é.
Nós o tornamos mais complicado.
Isso nasce de
coisas de que não precisamos,
lugares onde preferiríamos estar,
pessoas que nunca seremos.

É diferente para mim.
É diferente para nós.
E os obstáculos da vida não significam nada.
Eles são um coelho de veludo,
nos atraindo para uma miragem fantasiosa de engano.

É preciso coragem para ser feliz com a própria vida.
Está tudo bem em ser feliz.

Entenda o que você realmente quer
e nunca pare até chegar lá.
Não há regras neste jogo.
Os pontos vêm antes, durante e depois da partida.
Às vezes, pontos não importam nada.

O mundo não é tão difícil.
A inveja e a inferioridade nos tornam perdedores.
Os vencedores nunca brigam.
Eles sabem melhor.
E se você ainda não acredita em mim, tudo bem.
Você só precisa sair de casa quando chove
É então que as coisas voltam a ficar claras.

O Perdedor

Faziam três meses desde a última vez que a vi.
Admito que a coleção de garrafas e copos vazios
cresceu depressa durante aquela ruga no tempo.
Liguei e mandei mensagens para ela tarde da noite,
o contexto nunca sincero,
as perguntas sempre sugestivas,
um "Posso passar aí?"
ou "A gente devia se ver",
o telefone dela vibrando no crepúsculo, entre 0h e 3h.

Isso deve tê-la enfurecido.
Eu me repugno por isso.
Mas, mesmo diante do meu desprezo nojento,
ela veio certa noite.
Estava linda,
como sempre estava.

Eu queria que pudéssemos esquecer toda aquela merda,
resultado direto das minhas ações passadas,
do meu egoísmo,
dos meus fardos.
Queria esquecer tudo e aproveitar aquela noite.

As lâmpadas ao longo das vigas do bar pendiam baixas,
faíscas partidas soprando beijos
no sopro do fim de verão.
Ela não me beijava então.
Ela me disse que eu era um perdedor,
uma decepção, uma completa perda de tempo do caralho.
Se ela soubesse o quanto estava certa.
Eu podia ter dito isso a ela na primeira vez em que nos
conhecemos.

Ela foi áspera,
na esperança de me despedaçar.
Era uma maneira de ela se esgueirar de volta
e emendar nossa conversa.
Ela guardava uma esperança vã
de que pudéssemos nos entender.
Sua abordagem me decepcionou.
Se houvesse mais compaixão,
talvez as coisas pudessem ter dado certo.

As pessoas dizem qualquer coisa
para recuperar o que lhes foi tirado.
Fazem isso para provocar
uma ascensão,
uma reação,
um teste pronto para oprimir,
uma avaliação de sua posição.
É difícil ficar na defensiva
quando você é o jogador mais fraco do seu próprio time.

Eu não disse nada:
eu era um perdedor.
Perguntei-me se todos esses escritos
que acumulei valiam a pena,
ou se ela estava certa que eu devia continuar.

Comecei a duvidar de mim mesmo.
Ela não entenderia.
Não sabia que era apenas uma fã.
Ela nunca seria feliz lidando comigo.
É por isso que não a deixei.
Porque não posso duvidar de mim mesmo,
e ninguém realmente sabe lidar com ninguém.
Disso eu tenho certeza.

Talvez um dia ela leia estas malditas palavras.
Se eu tiver sorte, elas farão sentido.
Talvez ela encontre a explicação que precisa.
Espero que ela encontre um desfecho.
Ela vai entender que não vale a pena lidar com um perdedor.

Minha vida poderia ser melhor, se eu não tivesse que vivê-la.

Eu Te Pagaria com Minha Alma, Mas Estamos Quebrados, Amor

Eu admito; não tornei as coisas fáceis para você.
Não, eu nunca me conheci o bastante.
Eu também nunca consegui decidir quem você era.
Acho que confiei demais em acreditar
que éramos algo em que valia a pena acreditar.

Dois anos deste circo.
Dois anos tentando consertar algo.
Dois anos de peças faltando.
Dois anos de manutenção.
Dois anos...

Eu não me arrependo.
Ainda lembro o momento em que me apaixonei por você.
Naquele verão – nunca me senti tão vivo.

Olhei para o seu rosto.
Quis olhar para ele para sempre.

Não sei o que teria mudado
se eu tivesse ficado no Maine,
se tivesse parado e voltado à casa da praia.
As lágrimas escorrendo pelo meu rosto,
Atlas Hands vibrando nos meus ouvidos.
O frio do vidro da janela era minha única distração.
Eu morria de medo do que aconteceria
em Nova York, Nova York.
Tudo mudou.

Você veio por mim – eu sabia que viria.

Mas eu não te conhecia então.
Tivemos que recomeçar.
Depois de nos conhecermos,
descobrimos que não era certo,
mas nos agarramos àquele verão...

O vai e vem,
me deixou cego.
Perguntava-me todos os dias se ainda conseguiria ver.
Eu queria que nós também – víssemos – apenas víssemos,
mas acho que não é tão simples assim.

Trabalhei, sacrifiquei e esperei pelo melhor.
Tantas vezes quis desistir.
Mas – nunca me senti tão verdadeiro com você.
Eu sei que você queria sentir o mesmo.
Mas – nunca senti que conseguisse.
Você não parecia pronta.

Você era um cervo frágil,
eu queria te tornar mais forte.
Eu precisava que você se sentisse mais forte.

Você não pode ser forte se a pessoa que você ama é fraca.

É preciso força para estar sozinho.
Acho que nenhum de nós tinha o bastante para ficar sozinho.
Bem, até agora.

Meu coração tem um pequeno rasgo.
Vaza de vez em quando.
Deixa escapar um pouco do seu amor.
Isso é algo que ainda estou consertando.

Mas –
estou exausto, cansado e quebrado.

Preciso seguir em frente.

Você precisa seguir em frente.

Lembro-me de você na luz.
Egoistamente quero esquecer as vezes em que te coloquei no
escuro.

Eu sei que você se sentiu atormentada.
Eu sei que você pensou que estava me dando tudo.
Eu sei que você pensou que eu não estava.
E tudo bem – porque esse é seu direito.
Mas, por favor, saiba que não esqueci sua devoção.
Como eu poderia esquecer algo tão precioso.

Porra, isso é uma merda!
Lá se vai meu temperamento outra vez.
Eu te ligaria neste momento.
Eu tentaria de novo...
Você viria, eu sei.
Mas estou parando agora...
Preciso parar...

Lembro-me de você há dois anos.
Lembro do seu cabelo escuro.
Lembro dos seus lábios perfeitos.
Lembro da sua vulnerabilidade.
Lembro do seu rosto – para sempre.
Lembro de nós nos apaixonando.
Lembro do seu amor.
Lembro do nosso – não – não vou me deixar ir até lá.

Pois a memória não passa de uma felicidade temporária.

E esta noite, escolho lembrar de você.

Olhe à Direita

Faz 5 anos que não olho
para o lado esquerdo de um carro.
Nos táxis, sempre me sento de modo a ver Long Island City
pelos cabos que sustentam a Ponte Queensboro.
Ao longe, quase tocando a água,
o letreiro luminoso da Coca-Cola sangra
sobre o Gantry State Park.

A Roosevelt Island é difícil chegar de metrô.
Então, na hora do almoço, caminho pela 59th,
e passo por baixo de grandes beirais de pontes
construídas anos antes de eu nascer.

Chego à beira d'água,
e reflito sobre ela.
Bairros divididos por rios e correntes.
É só aqui que consigo olhar à esquerda.

Tolos Inconstantes

Ansiamos por um sentimento de pertencimento.
Por isso confiamos uns nos outros com facilidade.
Está em nossa natureza.
Uma baixa essencial da condição humana.

Isso nos deixa suscetíveis à vulnerabilidade,
dobrados e queimados às vezes,
quando céus sombrios desejam sangrar raios de sol.

Todos estão ocupados demais,
focados em distrações,
fugindo do valor e da integridade,
e sem isso desfilamos pelas ruas de Manhattan,
enganando a nós mesmos.

Se ao menos pudéssemos perceber o quão profundamente
inquietos somos.
Ajudaria se parássemos por um momento
para pensar,
para questionar,
para admitir algo substancial.
Mas como isso poderia acontecer?
Somos nada além de tolos inconstantes.

Esperança e cinismo são como homem e mulher,
compatíveis só quando chegam ao limite.

Um Gole para Esquecer a Solidão

(Ano Novo, Mesma Hora)

As ruas não eram para mim ontem à noite,
mas mesmo assim eu as percorri.
O ano passou
e eu, bem, eu não sabia quem estava me tornando.
Eu tinha deixado meus amigos na festa
depois de termos tomado uma última dose.
O último gole, uma celebração para esquecer.
Ou, pelo menos,
para remendar as decepções
que vieram do ano passado
que viriam deste ano.

E enquanto eu caminhava pela rua,
comecei a esquecer o que devia lembrar.
Não pareceu importar naquela época, ou nunca,
porque lembrar parecia ser
a pior parte de tudo.
Não me senti mal por pensar nela,
mas me senti mal por pensar nela
a caminho de ver outra pessoa.
Continuei andando, esperando que a dose fizesse efeito.

14ª e 3ª – eu estava no meio do caminho.
Chamei o táxi, mas ele não parou,
os números apagados.
Eu estava cego demais para perceber a diferença.
À frente vi um desfile, uma longa fila de solitários,
um conglomerado de descrentes.
Eles iam tirar o melhor da noite.
Eles também tentavam esquecer.
E eu estava esquecendo.

Descendo lentamente a escada, tudo estava claro.
Escondi-me sob o letreiro de néon da lavanderia.
Minha camisa estava suja. Eu podia tê-la deixado lá.

A urina quase atingiu meus dedos dos pés,
mas me senti mais leve então,
e isso ajudou a tornar meu objetivo mais nítido.

Andei mais depressa.
Os braços de outra descrente me esperavam!
Eu logo estaria dentro dela.

O carro derrapou e quase me encharcou,
as poças saindo de uma fenda profunda no asfalto,
o dinheiro do contribuinte, bem gasto.

A confusão era trágica,
os números do prédio estavam difíceis de ler.
Lado direito, par – lado esquerdo, ímpar.
Onde diabos fica o número 369 da Rua 29th?
Estou cansado demais para isso.
Estou bêbado demais para isso.
Nostálgico demais... por ela.

Entrei numa loja e comprei mantimentos.
As camisinhas eram necessárias,
eu precisava me proteger.
O pacote de salgadinhos – bom, esse era por segurança.
Algo que me lembrasse de que já fui jovem.
As coisas costumavam ser menos complicadas.
Um dia, tudo vai desacelerar.

Subi até o 8º andar e entrei sem bater.
A árvore ainda iluminada, os presentes sumidos há uma semana,
espiei pela porta.
O estalo dos pretzels a acordou.
Coloquei o pacote – inteiro – sobre a mesa e me despi.
Aos poucos, levantei o cobertor,
apenas o suficiente para provocar o brilho de seu nervo.
Nenhum de nós sabia o que estava acontecendo,
mas faríamos acontecer.

Devagar, abri o robe dela
e percebi que ela havia se preparado para minha chegada.

Descrente dentro de descrente, eu me movia lentamente,
segurando o metal da cama.
Recontando pacientemente os passos necessários para –
para a antiga ela.
Estava funcionando – mas eu – eu não podia –
minha mente estava cheia.
Eu não parei – eu não conseguia – seria injusto.
Mas eu não queria isso.

Afastei-me devagar após o seu clímax.
Evitei o prazer próprio.
Fiquei ali.
Com ela – mas querendo estar de volta na rua.
Andando – para qualquer lugar.
Talvez de volta ao bar?
De volta as doses?
De volta ao lugar onde eu não precisava lembrar?

Foi naquele momento, com outra pessoa,
que eu não consegui,
não consegui esquecê-la.

O Caminho da Pena

Acho que qualquer um, em qualquer lugar, pode ir aonde quiser.
E, não, não me refiro à sua mente.
Não, ela balança e flutua como a pena solta de um pássaro.
Cai em lugares ditados pelos elementos.
Eu preferiria agarrar a pena e
colocá-la onde ela precisa estar.

É tranquilo,
como quando se ouve uma canção
e começa a chorar sem motivo algum
a não ser achá-la lindamente imperfeita,
assim como você,
assim como todos.

É melhor simplesmente deixar fluir.

Ou como o arrepio súbito
experimentado depois de ouvir o tom baixo de uma voz
que acalma tudo o que gerou ansiedade.
Não importa, e os pelos se eriçam,
e é o único sentimento que se quer ter.
É simplesmente perfeito.
É triste, mas do modo mais feliz possível.

Pergunto-me para onde a pena voará depois?
Seguirei o vento até querer parar o caminho da pena.
À deriva – estou tomado por
um curso guiado por qualquer coisa e qualquer um.

Sexo

Sexo bom é raro de encontrar.
Nada tem a ver com o ato em si.
Caramba, é prazeroso, não importa o quão ruim ou frequente
seja,
e esse é o meu problema.
Só é bom se você se sente à vontade.

Gosto de cada aspecto de duas pessoas se encontrando,
Vulneráveis.
Desejosas.
Onde o bom nem sempre se encaixa.

A velocidade com que fazemos sexo é rápida demais
rápida demais
curta demais
prematura demais.
Você ri,
mas por todos os motivos que não devia.

Já fez sexo com alguém
e se arrependeu logo em seguida?
Já fez sexo e desejou ter esperado?
Já fez sexo e pensou consigo mesmo que desejava não ter feito,
porque o fez pelos motivos errados?
Talvez essas perguntas venham depois,
depois que a emoção do ato se esvai.

Ultimamente, sinto que menosprezei
a mim mesmo e às mulheres com quem transei.
Quando acaba, ninguém diz nada.
Eu faço porque não quero ser pego.
Elas se calam porque sabem
que é exatamente nisso que estou pensando.
Eu costumava gostar de sexo, mesmo depois de acabar.
Agora eu gosto,
mas depois, mal posso esperar para acabar.

Sexo, como uma solução rápida, é cronicamente sem felicidade.
Luxúria é obsessão,
e nasce da falta de validação.
Então, seguimos tentando encontrar algo que não existe.
Um lembrete egoísta de que ainda somos desejáveis.

Só quando esperamos,
quando temos tempo de enxergar além
das vaidades ligadas ao sexo,
de trocar cem noites de companhia
por uma só, construída,
quando é bom,
quando é tão bom
que você nunca vai querer fazer com mais ninguém.
É difícil de encontrar.
Tudo que é bom é.

Magia
só vem depois de falhar vezes demais,
e sua beleza
não tem outra escolha
a não ser libertar-se.

Disfarçado pela Revolta

Há sempre aquela pequena parte.
Ela paira despercebida até que a seda da fachada se revela.
É a única coisa que nos impede.

Ela causa medo.
Provoca hesitação.
Poderia até ser chamada de doença.

Podemos nos perder completamente por causa dela.
Se não fosse pela luta,
não seríamos nada.

Devemos lutar contra ela,
devemos,
afastando as inseguranças e os demônios.

Aproveite a chance.
Aproveite a chance em si mesmo.
Aproveite a chance com seus amigos.
Aproveite a chance com sua namorada ou namorado.
Aproveite...

Se não o fizer, não terá nada.
E nada disso tem a ver
com a admiração do mundo.
Não tem.
E se é isso que você acha que se trata, então você está se
escondendo.

Apenas deixe ir.
Apenas deixe ir.
Apenas deixe ir.

Tudo o que você sempre quis virá.
Você precisa permitir que isso entre na sua vida.
E uma vez que entra, não vacila.

Não abuse disso: é fácil afastar.
Valorize.
É a única responsabilidade que vale ter.
Só você pode estragar.

Você pode tropeçar, mas sempre pode se reconciliar.
Falácias demais apodrecem o próprio ser da pureza.
Então tenha cuidado com o que possui.
O pior lugar em que alguém pode estar
é perdido.

Pequenos Nadas

Há muita perda,
Perda de amigos
Perda de juventude
Perda de oportunidades
Perda dos felizes
Perda dos tristes
Perda

As ruas carregam essa perda conosco.
Rostos à procura de algo,
um arranhão
uma cicatriz
uma punhalada
Qualquer coisa para nos fazer sangrar de sentimento novamente.
Perpetrada pela danação do passado,
uma bomba-relógio coletada da
mídia
do governo
das escolas
dos chefes
das namoradas
dos namorados

Tudo nos afasta
de onde deveríamos estar.
Não é de se admirar que não recebamos
uma folha em branco e uma caneta no primeiro dia de aula.

Ora, quão descuidado seria pedir-nos para
escrever
desenhar
rasgar
demolir o papel?

Fazer escolhas,
é só isso que pedimos.

O céu está cheio de estrelas que precisam de um amigo.
Elas esperam que alguém faça um pedido a elas.
Tomara que a que você escolher não caia,
hipnotizando as vias aéreas antes de se desintegrar,
um fogo de artifício intergaláctico,
um nada negro.

Como é belo ser tão solitário.

Até as explosões
no começo
nos enchem de esperança.

Corrida do Leite na 34ª Avenida

(Astoria Chamando)

A placa da delicatessen é verde com letras amarelas.
Sinto falta dela,
do jeito que era,
quando o fundo era amarelo
e as palavras, vermelhas.
Era uma placa feia até semana passada.
Eu preferia assim:
pelo menos o lugar parecia antigo,
como se fosse um marco qualquer.
Agora parece novo
e limpo demais.
Os vegetais antes pareciam suspeitos,
eu só comprava os que precisava.
Duravam um dia,
talvez um dia e meio até apodrecerem.
Agora, com a reforma da loja,
aqueles vegetais parecem mais frescos:
mais uma das ilusões óticas da vida.

A lavanderia Alpha está lotada,
nem preciso entrar para saber.
As janelas da frente estão embaçadas.
Não consigo ver lá dentro,
mas sei que há moedas sujas, lençóis de amaciante e pilhas de
roupas de algodão circulando dentro da sauna.
Será que alguma das crianças Hispânicas
está correndo por lá?
Espere, tem uma.
Elas costumam escapar dos pais
e brincar na calçada.
Quando um estranho se aproxima, correm de volta.
Sempre encaram o estranho
antes de entrar.
Já fui encarado muitas vezes.

O *Grusko's* é o restaurante mais triste do mundo.
Mas não é culpa deles,
só uma escolha ruim de lugar.
Pode isso?

Astoria, praticamente Nova York,
na 34ª Avenida,
quase na esquina da Steinway,
uma localização ruim?
É sim.
O enorme salão de jantar fica vazio.
O garçom lava o mesmo copo 10 vezes
durante a noite.
Ele não tem nada melhor para fazer.
Grusko fuma um charuto grosso no bar,
o gigante Grego de olhos do tamanho de alcaparras.
Bom para ele, não dava para ver a tristeza neles.
E mesmo que tentasse,
mesmo que chegasse bem perto,
ainda não conseguiria.
Seu rosto seria bloqueado por uma nuvem de fumaça.

Passo por Willy.
Ele tenta agarrar o ar diante dele.
Fico imaginando para onde vai.
Não há como ficar o dia inteiro sentado do lado de fora da Rite
Aid.
Não é um mau lugar para ser mendigo, eu acho.
Pelo menos está perto do essencial.
Ele até tem uma revista que usa para assuntos pessoais.
Olhei de relance e vi que gosta de
Black Booty.

Penso em dizer oi para Willy, mas não digo.
Quem sabe o que ele faria ou diria?
Eu me sentiria obrigado a dar dinheiro, comida, ou um momento
para ouvir.
Então nem começo.
Se fizer uma vez, terei de fazer sempre.
Mesmo que eu não queira,
eu terei que fazer.
Não culpo Willy.
Não, não culpo.
Ele é humano.
É frágil.
Ele está apenas tentando criar uma conexão.
Ele é como todo mundo.

Você sabe como é.
Quando alguém dá uma chance, o outro se agarra a ela.
Acho que não estou dando uma chance a Willy.
O esforço vem com uma consequência pessoal,
mas não tenho tempo agora,
preciso comprar leite.

Quando toda esperança se vai,
uma pequena parte permanece numa fenda
onde você esquece de olhar.

Três é Multidão

No topo da pilha.
Não sou mais um alpinista.
Estou no topo.
Outra garota,
outra noite,

Então muda.
O brilho se dissipa
como as poças que escorrem pelos ralos,
vagando lentamente pelas ruas,
tentando achar sua fuga.

Às vezes é triste pensar dessa forma,
mas até a água, água pura, se polui.

Eu tentei me diluir.
Não sei se tentei o bastante.
Aquelas garotas vão se machucar,
vão sim.
O pior de tudo:
vai ser por minha causa.

Estou me sentindo alto agora,
mas logo
vai passar.
Voltarei à base.
Serei feliz novamente.

A pureza em qualquer coisa
vem daqueles que ainda estão escalando.
Depois de chegar ao topo,
você não consegue mais ver as coisas da mesma forma.
Você não consegue ver os outros,
você só vê a si mesmo.

Homem de Gelo

Quando minha confiança sofre
sou gelo derretendo.
Para baixo
para baixo
para baixo
eu vou.

A poça.
Dois olhos flutuam,
esperançosos.
Espero conseguir me recompor.
Faria qualquer coisa para ser inteiro outra vez.

A batida das minhas solas diminui.
Preciso de algo,
qualquer coisa
para me levantar.
Escorregadio e afundado.

Calor?
Não, não posso encará-lo.
Eu evaporaria

a menos que as nuvens esfriem
e eu volte.
Gotas caem.
Quebram-se em desordem sobre os vidros das janelas,
dividindo-se
num lento, sedoso deslizar até a base.

Aguentar o mundo de novo.
Tudo o que preciso é de uma noite fria.
Ela vai me revigorar.
E sempre vem,
só não sei quando.

Atravesso a rua
na manhã seguinte.
Uma poça.
Eu pulo por cima dela.
Parece que aquele cara não passou do almoço.

Um Pedido de Desculpas Que Não Valia a Pena Ser Enviado

Estou tendo muita dificuldade com esta. Quero dizer, eu sei que acabei de te conhecer e mal nos conhecemos. Mas sempre tenho dificuldade em encontrar pessoas que não apenas me entendam, mas que também me acolham de braços abertos. Costumo ficar muito sozinho – sempre fui assim. Acho que é um mecanismo de defesa: quando você está sozinho, bem, não precisa se preocupar em se machucar. Mas depois de te conhecer, me sinto diferente. De um jeito estranho, sinto que você me conhece melhor do que a maioria dos meus amigos – acho que isso é criar uma conexão; não sentia isso há algum tempo.

A montanha-russa emocional começou quando te deixei pela primeira vez: "Finalmente encontrei alguém com quem posso estar e me sentir eu mesmo."

E agora, da última vez que te deixei, "Por que isso teve que acontecer, por quê, só por quê."

É natural estar na defensiva, questionar quem diabos alguém realmente é. Fica pior quando essa pessoa age de modo estranho ou comete erros, porque todos somos vulneráveis – e todos queremos evitar nos ferir. Eu sei que você está magoado desde a outra noite. Não consigo expressar o quanto me senti mal. E às vezes me sinto doente só de pensar em como isso deve ter te afetado.

Para mim, erros acontecem: a gente pisa na bola, mas o que realmente me atinge é pensar que, se deixarmos isso de lado, talvez percamos a chance de estar com alguém que poderia nos trazer paz. E é aí que o mistério começa – e eu sei que, para você, o desejo de se deixar levar pelo mistério foi abafado, espremido num pequeno canto da sua mente.

Mas eu, meu coração ainda pulsa com esse mistério.

Todos buscamos um pouco de paz – e eu admito, depois de te conhecer, ainda não a encontrei: era cedo demais. Fiquei preso entre a empolgação e a ansiedade de tudo, de você, da sua graça, das coisas que poderíamos fazer juntos. A ansiedade é, como você deve ter notado, uma das minhas falhas. É difícil, porque eu estava tão ansioso para estar perto de você – mas também com medo de descobrir algo em você que me afastasse, ou de ser revelado como alguém que você não quer na sua vida, ou de fazer algo que estragasse tudo.

Já saí com outras garotas na cidade e, sendo completamente honesto, se algo assim tivesse acontecido com elas, eu me sentiria mal – de verdade. Quer dizer, eu cresci cercado de mulheres, então sei que todas merecem o respeito e o cuidado que desejam.

Assim como você.

Mas, como eu dizia – se isso tivesse acontecido com outra pessoa, eu pediria desculpas, mas provavelmente deixaria para lá. Eu não insistiria em falar com ela novamente. Com você é diferente: eu sei que acabei de te conhecer, mas tenho certeza de que você já namorou gente suficiente para saber que, quando encontramos uma boa conexão com alguém, alguém que importa, você tenta, se for como eu, salvar esse tipo de relação, porque elas são raras, incríveis e completamente assustadoras ao mesmo tempo.

Eu não esperava por isso na semana passada. Quase não fui à casa do Jerry e do Matt – mas fui – e te conheci. Pra mim, sentar no sofá e depois estar no bar na Sexta foram os melhores momentos: conversamos – só conversamos. Eu tenho dificuldade em falar com garotas às vezes; costumo me esconder do meu verdadeiro eu e bancar o engraçado do lugar. Aquela noite, fiz menos isso e me abri rápido demais com você – e pareceu que você fez o mesmo comigo.

Isso é algo – e é/foi/será muito especial pra mim.

Além disso, é claro que te acho extremamente atraente e sensual – espero que saiba disso também. Esse é um aspecto importante de tudo isso. E acho que meu erro aqui pode ter passado a mensagem errada. Não foi minha intenção: foi puramente por genuíno respeito a você – eu nunca quis que você se sentisse como se eu tivesse presumido ter o privilégio de tocar seu corpo.

Desculpe pelo tamanho desta carta, mas é assim que costumo liberar minhas emoções: à noite, sozinho, quando as distrações do dia desaparecem, e finalmente consigo refletir sobre meus sentimentos.

Não sei onde estamos. Quero dizer, mal começamos a caminhar – mas se você me permitir, eu gostaria de me levantar de novo e, aos poucos, voltar ao caminho, até que estejamos correndo juntos.

Com sincero arrependimento e um olhar otimista,

Joe

*Um caderno de couro
não é necessário para ser criativo;
uma caneta e folhas soltas de papel
funcionam tão bem quanto.*

O Homem Que Eu Costumava Ser

Ser verdadeiro consigo mesmo,
é tudo o que um homem pode fazer
ou pedir de si.

Sem isso,
bem, você está apenas interpretando um papel.
O papel de outro se sobrepõe ao seu desejo.

Quando olhar nos próprios olhos,
certifique-se de ver o homem que deveria ser.
Essa é a única coisa no mundo
sobre a qual você tem controle.

É realmente.

É a única coisa que se pode considerar sagrada.

Espero poder ser verdadeiro de novo – sim – tenho fé de
que *eu* serei.

Netflixinitis

Nunca a sociedade foi tão espectadora.
Olhando, sem motivo, para as telas.
Um passatempo feito de distração.
Um preenchimento de pensamento.
"Preciso assistir ao meu programa."

O entretenimento nada tem a ver
com a fidelidade ao que você assiste.
Vem daqueles que se inspiram
a serem maiores do que são
através dos meios que os chamam,
não da animosidade daqueles que
ousaram tentar
ousaram falhar
ousaram ter sucesso

Sim, pessoas,
é
difícil
assustador
e os lobos vão devorar você

Não assista ao próximo episódio,
crie um.

Dançando Com as Palavras

Às vezes eu guio.
Às vezes elas me guiam.
A estrutura da frase é a menor das minhas preocupações.
Embora eu pudesse estudar forma para sempre,
ficaria preso aos passos se o fizesse.
Dedos e teclas apertariam.
Então trabalho com as palavras,
aprendo a conhecê-las.

Contenho minha empolgação sobre
aonde a dança pode nos levar.
Eu perderia se fosse só eu a conduzir.
As palavras são tão importantes quanto minha intenção.
Elas foram criadas para me ajudar a falar.

Então sigo o cursor.
A página branca se preenche.
Cada passo adiante parece
tão certo quanto uma reviravolta inesperada.
Uma sequência gira e se constrói.
Nosso recital ajuda a criar uma maravilhosa...
História

E quando termina,
quando as palavras e eu nos separamos.
A dança permanece na página.
Ela dura a vida toda.

Vamos beber a beida e conversar à toa.

Achado Não é Roubado

Às vezes eu queria nunca ter tido nada.
Seria mais fácil assim.
Sem contas
Sem apartamento
Sem trabalho
Sem amigos
Sem mulher
Sem ambição
Sem vontade

Se você não tem nada, pode ser livre.
Talvez não seja tão bom quanto parece.
Acho que esse é o problema.
Tudo gira em torno da urgência de saber.
Essa parte que nos pega.
Quando você perde alguma coisa
você vai querer de volta.

É por isso que precisamos acreditar no que temos.
Mas será que é o bastante?
Parece uma batalha impossível de vencer.
Mas como todo mundo,
eu não sei fazer nada,
e mesmo assim espero ter tudo.

Promoção

A avaliação correu perfeitamente.
Agimos exatamente como devíamos.
Ninguém hesitou enquanto o falatório trivial
afogava minhas conquistas medíocres.
A integridade do centro
ecoava como hienas rindo.
Uma cadência embriagante de besteiras.
Besteira, sim, pura besteiras.

Promoção

E eu sentei – de novo – absorvendo a falsa segurança
de trabalhar para alguém que não dá
a mínima por mim.
Mas eu trabalho.
Preciso do dinheiro.
Preciso fazer algo.
Estou me rendendo à complacência, caindo em seu truque.
Mas esse emprego não significa algo?
Preciso dessa segurança,
um trabalho,
algo que defina minha existência.
A meta de mais um ano de calendário:
presença perfeita.

Promoção

Calculada pelo mestre dos peidos arrogantes,
o CEO e seus capangas – o algoritmo do valor:
o preço de um homem reduzido a estatísticas,
o preço de um homem reduzido a dinheiro,
o preço de um homem – apesar de suas lutas – apesar de sua
integridade,
o preço de um homem diminuído por aqueles
que são menores que ele.

Promoção

Falsamente abençoado por minhas próprias inseguranças,
caindo no oásis ilusório,
guiado por uma aceitação mentirosa.
Importa mesmo se eu me sinto pertencente?
Estar só não justifica o próprio sentido?
O valor de um homem só,
para si mesmo,
não significa alguma coisa?
Os pixels filtram-se na tela,
um espetáculo de cores cria as imagens.
Eu encaro as imagens.
Olho o relógio:
364 dias restantes,
a não ser que seja a última vez,
a não ser que eu faça ser a última vez.
Mas eu não sei como fazer ser a última vez.
Então, até o próximo ano.

Promoção

Companheirismo Transitório

Alguns vão partir.
Na verdade, a maioria vai partir.
Eu sei, é desanimador.
O movimento mundano da vida
é melhor com a companhia de amigos.
Os maiores eventos que você sonha para si
nunca se comparam à sinceridade de uma experiência
compartilhada
com os outros.
Vai acabar
e você vai se irritar.
Vai desejar nunca ter vivido tempos tão bons juntos.
Vai doer como a pior dor de estômago que já teve.
Posso dizer para não ficar amargo,
mas eu conheço essa dor.
Sozinho por muito tempo.
Perguntando
por que tudo mudou?
Por que você mudou?

Vivemos uma vida baseada em uma memória distante.

Lançando uma linha para pescar algo que parecia perfeito.
Mas nada é perfeito.

O companheirismo volta para quem está disposto a deixá-lo
entrar.
É só questão de tempo até você estar de volta entre eles.
Você se sente inteiro de novo.
É o bastante para continuar.
É o bastante para manter seus amigos também.
É o bastante.
E você tem sorte de ter tido qualquer um deles.

Momentos de loucura
nos lembram
que não importa o quão ruim fique,
a magia está esperando.

Sonhando Acordado

Estávamos todos rindo.
As horas passavam suaves como o Cabernet.
Eu continuava girando o copo,
hipnotizado pelo vinho que se prendia às paredes,
as pernas do líquido descendo
até o mar vermelho do nunca mais.

Lá vêm as garotas Europeias.
Da última vez eram Espanholas,
e antes disso, eram Russas.

Não lembro nada do que disseram.
A fumaça do cigarro impede
qualquer leitura de lábios.
O dialeto local se embaralha.
Logo, elas soam todas iguais.

É assim todas as noites.
Tem sido assim pelos últimos três anos.

"A próxima rodada é por minha conta!"
A próxima, e a próxima depois dela – quando vier – será por
minha conta.
Não importa se alguém pede para colocar na minha comanda.
Não lembro a última vez
que disse "não".

E assim a noite vai.
Dormimos acordados,
vivendo na escuridão,
numa realidade ardente feita de vibração.

Pela manhã,
tentamos lembrar de qualquer coisa.
Qualquer coisa que tenhamos vivido.
Qualquer coisa que tenhamos esquecido.
Qualquer coisa que tenhamos sonhado.

Mas está ficando cada vez mais difícil
dizer a diferença.

Vá Para a Música

Há canções que te deixam chorar.
Há canções que te fazem rir.
Há canções que te deixam relaxar.

Mas,
quando uma canção te atinge,
quando ela cria uma sensação de alívio,
como se os pesos da vida se erguessem,
uma tempestade se acalma por dentro,
uma chuva cai,
um arco-íris surge,
cristalino,
uma visão estranha de beleza.

Há uma canção por aí.
Ouça.
Toque em repetição.
Feche os olhos.
Deixe que os sonhos de ontem
ou os de 5, 10, 20 anos passem por você.
Sereno em solidão.
Os seguidores da multidão só tentarão
alcançar algo assim.

Fique a sós com a sua canção.
Deixe que a melodia infiltre-se nas veias do seu corpo.
Que o sangue corra por cada parte
da capacidade do seu corpo.
O oxigênio trará nova vida.
O arrepio da liberdade destrói a conformidade.
É a única coisa que, às vezes, te mantém vivo.
Nada é melhor do que se deixar levar.

Não se Gabe por ser o Maior

Você não vai querer ouvir.
De verdade, não vai.
Sim, você acha que vai querer ouvir.
Trabalhou tanto.
Tentou impressionar todo mundo.
Mas não vai querer ouvir.

Eu já ouvi muitas vezes.
Já senti a euforia,
a aceitação,
a doce serenidade de tudo isso.
Já senti o céu.
Já apertei as mãos das nuvens.

Mas você não vai querer ouvir.
É bobagem, sabe,
um elogio.
É ração de milho.
É o jeito deles de dizer que você está abaixo deles.
Mas eu não como mais milho.

Eu não preciso disso.
Eu não quero isso.
Eu sei o que tenho.
Sei que está além da capacidade deles.
Eu sei
eu sei.

Você vai saber.
Não escute eles.
Não dependa deles.
Não mude por eles.
Ouça,
mas só a si mesmo.

Você tem
o talento,
a paixão.
Está tudo em você.
Sempre esteve em você.
Comece agora.
Comece de novo.
Apenas comece.
Apenas faça tudo logo!

Esperar só vai fazer escapar.
E se esperar,
não fale mais comigo.
Não quero que se torne como o resto.
Não quero.
Você também não.
Apenas faça.
Não pare até terminar.
Não se vanglorie por estar quase lá.
Não se elogie até saber que acabou.
Termine logo!
Termine.
Caramba!
Termine.

Quando acabar – você vai ficar triste.
Você não vai querer que acabe.
Não quer que termine.
Era tudo para você.
Era parte de você.
É aí que você sabe que é certo.
É aí que verá que todos aqueles idiotas e cretinos
eram apenas idiotas o tempo todo.
Eles nunca poderiam criar
o que você criou.

Que se fodam.
Que se fodam todos.
Acredite, porra, que só você pode fazer isso.
Porque você nasceu para fazer isso.
Foi feito para isso.
Depois,
não diga uma palavra.
Fique em silêncio.
Saiba que está feito.
Não importa se mais alguém sabe.
Não importa.
De verdade, não importa.
Só importa para você.

Não posso falar sem uma voz.
Não posso escutar sem ouvir.
Não posso sentir sem escrever.

Nervoso

Ela sobe de novo.
Meu coração dispara.
Fumaça sai dos meus ouvidos.
Minha respiração é forçada.
Às vezes eu queria que o fogo se acalmasse.

Mas ele sempre estará lá:
o trabalho
as mulheres
o maldito bloqueio de escritor
até a droga do metrô.

Sempre há algo lá.
Eu podia largar tudo, talvez.
Então,
a ansiedade,
a decepção,
e a dúvida em mim mesmo iriam embora.
Acho que seria o caminho mais fácil,
a forma mais simples de fugir da frustração.

Meu estômago se acalmaria como um lago,
e deixaria de quebrar em ondas barulhentas.
Eu encontraria paz de espírito.
Eu poderia finalmente dormir
e dormir.
Apenas dormir.

Seria mais frio então.
Eu não teria o trabalho.
Eu não teria as mulheres.
Eu não precisaria escrever.
Eu estaria frio.

Não quero congelar,
mesmo que o calor me faça perder tudo.
E então,
ela sobe,
como sempre sobe.
Não há nada que eu possa fazer a respeito.
E então,
continuo escrevendo.

O Problema em Nova York

Nova York pode ser um verdadeiro buraco.
Quero dizer, o que um cara pode fazer?
Se ele está procurando problema, não precisa ir longe.

Na maioria das vezes, é ela quem o encontra.
A cidade se alimenta disso,
de certo modo, até lucra com isso.

O problema,
acho que é disso que tudo se trata.

Estou escrevendo isso às 6h da manhã.
Nem consigo olhar pela janela ainda.
Sério, uma ambulância acabou de parar
em frente ao meu apartamento.
Luzes azuis e vermelhas dançam sobre meu rosto.
Fale sobre distração.

O problema
e muito mais estarão me esperando.
Talvez eu devesse tomar um banho primeiro.
Não,
que se dane.
Hoje não estou a fim.
E além disso,
quem é que vai notar a diferença?

Olhos

Ela se sentou à minha frente.
Seus olhos eram contas sombreadas
que brilhavam em azul contra a luz.
Havia muito naqueles olhos.
Eu vi muita esperança desde o início.

Havia outras coisas.
Eu podia ver momentos de tristeza.
Eu podia ver momentos de dor.
Eu podia ver mágoas naqueles olhos.
Mas o que mais vi foi um senso de proteção.

Eu sabia que ela pensava em me deixar entrar,
mas levaria tempo,
uma pequena abertura.
Ela aparecia de vez em quando.
E à medida que meus olhos se alargavam,
eu conseguia ver os dela se tornarem menos acolhedores,
como os portões de um castelo.

Ela não tinha certeza se queria que eu entrasse.
Os guardas estavam prontos.
Eu sabia que não conseguiria esta noite.
Tudo bem,
eu não estava pronto para uma emboscada.

Talvez eu pudesse tentar da próxima vez,
ou talvez esta fosse a única chance que eu teria.
Eu queria alcançá-la.
Mas já não dependia mais de mim.

Quando ela foi embora,
ficou uma última lembrança.
Seus cabelos negros em tempestade chicotearam
e ela olhou para trás.
Eu vi o azul em seus olhos crescer.
Eu ainda não estava lá.
Não estava.

Se eu esperasse,
eu estaria,
estarei em breve.

Pingos instigam a loucura,
basta um grande
para me deixar louco!

Coloque Tudo em Jogo

(Sucesso Recém-Descoberto,
Maus Hábitos Desculpáveis)

"Tem algo naquele cara."
"Ele realmente tem tudo sob controle."
"Quando ele entra na sala, o clima inteiro muda."

Já ouvi essas coisas sobre mim.
Acho que é o que pensam de mim.
Talvez até exista um pouco de inveja.
Mas, para mim,
o cara que eles acham que tem tudo sob controle.
bem,
eu os invejo.

Eles não precisam se preocupar
ou entrar em uma sala sentindo enjoo,
com medo de errar.
Cada gole que tomo é seguido
rapidamente por outro.

Não consigo deixar de me sentir deslocado.

E enquanto forço um sorriso e continuo a conversa
por toda a sala,

não quero errar.

Rezo desesperadamente para não errar.
Gole.
Gole, gole.
Gole. gole, gole.
Certo, garoto, você está indo bem.
Está ficando turvo,
e eu devia estar alerta,
mas não estou.

É aqui que heróis viram vilões.

Abraços e beijos no rosto são trocados.
Estou segurando o último copo.
Os bartenders já sabem meu nome.
Eles quebram as regras e servem um último brinde.
Eu queria que não fizessem isso,
mas não é culpa deles.

Eu os enganei,
ou talvez esteja tentando enganar a mim mesmo.

Saio para a noite fria.
As ruas fervilham.
A cidade parece como sempre:
um coquetel de dois venenos misturados,
esperança e desespero.

O táxi amarelo chega e me busca.
Eu podia ir ao Tuttles.
Shane teria o Malbec me esperando.
Penso nisso,
mas estou bem esta noite.

Estou com sorte esta noite.

De volta a Astoria.
De volta a mim mesmo.
O show acabou.
As cortinas se fecharam.
Sento-me em meu apartamento.
Estou contente.
Estou à vontade.

O próximo show é amanhã.
Preciso estar pronto para ele.
Espero acertar minhas deixas.
Espero conseguir me adaptar.
Espero não decepcioná-los.

Espero continuar sendo o herói.

Lago

(Paraíso Alcoólico)

Há um fascínio,
uma tentação.

Um lago.

Achamos que é fácil entrar.
Então tocamos a água.
Gostamos da sensação.
É incomum.
Sentimos como se fôssemos parte de algo grandioso.

A maior das grandezas.

Até o joelho.
Até a cintura.
Cada vez mais fundo.

Tão fundo que somos consumidos.

Se tivermos sorte, lembramos.
Pulamos de volta.
Só então conseguimos respirar novamente.

Corremos para fora.
Secos, estamos confortáveis.
Tremendo, observamos.

O brilho liso da água ondula como seda.

É uma canção para alguns.
Eles se inclinam para ouvir melhor.
Parece tão linda.

Impenetráveis, esquecemos nossas inibições.

Fingimos acreditar que o lago nos dá o que precisamos,
tudo o que sempre quisemos.

Então damos o primeiro passo.
E depois, o próximo.
E o próximo.
Sentimos a gravidade do lago cada vez mais a cada passo.

Como da última vez.

Um dia paramos de nos mover.
Nosso último fôlego se vai.
Dominados pelas circunstâncias.
É então que a margem já não parece tão simples.

Se ao menos não tivéssemos permitido o afogamento.

Se soubéssemos admirar o lago de longe,
poderíamos ter permanecido em segurança na margem.

Café Derramado

Uma garota no trem derrama seu café,
um café cheio.
Uma poça de grão marrom fervido
se mistura ao creme.
Fica entre seus pés.
Ela observa, junto aos outros passageiros,
enquanto um grande fio se estende
como raízes sob uma árvore.
Pontas dos pés tocam o limite da cafeína.
A garota se senta com cara de tédio e desgosto.
Ela olha para o lado,
ajusta melhor os óculos sobre o nariz.
Outros lançam olhares de desaprovação.
Ela finge não perceber,
escolhe, em vez disso, não pôr açúcar
enquanto enfrenta a miséria de hoje.

Seja você, seja melhor e seja bela.

Se For Preciso

Se for preciso dizer a ela – conte de verdade.
Se o coração bater forte
porque suas veias pulsam com isso,
então conte a ela.
Se engolir a comida parecer impossível,
conte a ela.

Se não tiver certeza,
não conte a ela.
Se planejar dizer a ela
porque isso vai te render uma boa transa,
não conte a ela.
Mentir corta asas.
Muitos homens, prontos para voar, permanecem no chão.

Ela não quer o agora, ela acredita no para sempre.

Mas se você contar a ela, esteja preparado.
Ela pode não dizer de volta.
Pode não estar pronta.
Mas se for preciso contar a ela – diga.
Diga.
Diga antes que outro diga.
E haverá outra pessoa.
Eles estão à espreita sozinhos agora,
imaginando sua garota.
Diga,
se você realmente quer dizer isso.

Se ela decidir partir depois que você disser,
deixe-a.
Não lute para contar a ela novamente.
Não seja persuasivo.
Ela sabe o que você disse.
Ela sabe o que quis dizer.
Ela esperou a vida inteira para ouvir isso.
Mas arrisque.
É a única boa chance que terá.

Mas por que arriscar?
E se ela não disser de volta?
E se disser?
E se disser?

Deixe que suas asas batam.
Seu coração vai pulsar.
Sua visão ficará nítida.
Tudo se tornará eufórico.
É melhor que
dinheiro,
fama,
ou ter uma mulher bonita...
que nunca está pronta para voar.

Se ela disser,
você deve proteger isso,
deve valorizar isso.
Porque depois de dizer a ela,
você precisa mostrar.
E mostrar!
Se não mostrar,
tudo parecerá mentira.

E se mentir,
vai tornar mais difícil para caras como nós.
Vai tornar mais difícil para nós dizermos a ela.
Então, se for preciso dizer a ela – esteja pronto para mostrar.

Puta Merda

Tentamos consertar os erros,
os erros que cometemos hoje,
os de ontem,
e os piores,
os erros mais profundos,
enraizados em nossas entranhas,
que voltam para nós
nos momentos em que achávamos tê-los esquecido.

Faz sentido querermos nos livrar deles.
Purificados
Salvos
Como na religião, eu acho.
Uma fonte de crença.

Mas eu não acredito em forças maiores.
Não, acho que é uma farsa.
Um jeito de lucrar com as emoções cruas da humanidade.
Um truque para vender salvação.

Há apenas uma pessoa que pode te salvar,
e,
recitar escrituras ou juntar as mãos não vai conectá-lo - a ela - a
isso - a você.
É uma escolha mental.
Uma que nasce do perdão próprio.
Uma que não exige demonstração de devoção.
Pode acontecer quando você está
escovando os dentes,
ou comendo um cachorro-quente,
ou, caramba, assistindo um cachorro cagar.

Sim, você foi criado por algum milagre,
mas essas pessoas ou enigmas sagrados não te fazem.
Nem afetam
suas decisões,
suas crenças.

Os erros virão.
Eles vão se acumular exatamente como a vida planejou.
Cabe a você seguir em frente.
Só você pode pegar a vassoura
e varrê-los para longe.

Lindamente Imperfeitos

Algumas pessoas podem ser tão lindamente imperfeitas.
Pode ser difícil perceber no começo.
Deve ser difícil para elas.
Aposto que desejam que alguém pudesse consertá-las.
Quem você conhece
que admitiria isso?
Ninguém, eu acho.
Elas seguem em frente, elegantes como sempre,
se perguntando como chegaram até ali.
Como alguém chega ali, afinal?
É triste, de verdade.
Mas acordam para um novo dia,
vivendo incongruentemente sob os aplausos da sociedade,
desamparadas por sua impressão,
e, ainda assim, lindas pra caramba.

Eu não quero
ouvir histórias,
eu quero
contá-las.

Folhas

Eu gosto de estar triste... às vezes.
É o único momento em que sei que ainda tenho pulso.

A emoção crua pode ser tão reclusa quanto a humildade.
Enterrada sob montes de folhas de outono,

esperando o beijo do inverno,
folhas congeladas sob flocos,

ocultas de toda subjetividade,
apareço igual a todos os outros.

Espero pela primavera,
pela tristeza.

Ela tem permissão para derreter,
as folhas, manchadas.

É hora de varrer.
Posso ver com clareza

até o próximo outono,
e o outono está sempre se aproximando.

Vidro Quebrado

Esqueci de colocar o copo sujo na pia.
Caramba! - Estou sentado na minha cadeira,
pronto para ver um filme.
Eu devia pegar o copo.
Mas não quero.
Minha mente voa para as tarefas de amanhã,
os deveres miúdos que nos assombram,
empilhados, à espera da pá.

O maldito copo me encara.
Está no canto direito do carrinho de bar.
Não é grande coisa,
mas estou usando isso
como desculpa para todo o resto.

Às vezes eu queria ter coragem
de pegar o copo e arremessá-lo contra a parede.

Sabe, só para aliviar um pouco a pressão.
Ver o cilindro deslizando efervescente pelo ar até a parede e se
despedaçando com o doce som do vidro ao quebrar.
Um estalo, um estilhaço, um tinido.
As contas de vidro cairiam em cascata no chão - cada uma criando
uma sinfonia de tons,
uma melodia única às forças
que arremessam fragmentos cristalizados.

Eu queria ter coragem de fazer muitas coisas.

Mas já tenho coisas demais com que me preocupar.
Amanhã pego o copo antes de sair para o trabalho.
Se eu esquecer, lidarei com isso mais tarde.

Companhia Jovem

Eu me cerco de companhias jovens
para esquecer minha fragilidade.
Envelhecer não é o que me assusta.
São os efeitos da idade que me preocupam.
Tenho medo de esquecer como é ser jovem.
Então, eu me cerco de companhias jovens.

Eles não são paralisados pela inquietação.
Há ambição dentro de suas almas.
Ainda não foram decepcionados o bastante para sentir culpa.
Há uma comunidade inerte,
e eles flutuam leves como nuvens no céu,
junto ao fundo azul vibrante,
como fiapos brancos de pura inocência.

Estou chegando aos trinta.
Meu cabelo raleou.
Caramba, sei que logo o perderei todo.
Minha barriga cresce mais rápido do que costumava,
as ressacas duram mais que um dia,
mas nada disso cruza a mente da companhia jovem.

Mesmo que zombem da minha idade,
mesmo que eu pareça o cara estranho
que precisa amadurecer,
eles sabem que é diferente.
Eles veem isso nos meus olhos.
A ilusão destemida de um homem que segue em frente,
recusando-se a deixar o mundo vencê-lo.

Quando vejo a mudança em seus olhos,
geralmente quando menos espero,
quando o cansaço vence a luta,
quando os uivadores param de uivar,
é então que preciso buscar nova companhia.
Não posso estar cercado de outra coisa.
Não posso.
Simplesmente não posso.

Estarei sempre entre amigos jovens.
Vivo do fervor que eles têm pelo caos.
Luto para ser mais calculado,
porque mesmo com toda a minha sabedoria,
não consigo deixar de me perder em sua indisciplina,
que sua ingenuidade ainda justifica.
Às vezes, mesmo sabendo
que deveria seguir as regras da sociedade,
me engano, querendo sentir
a sensação de invencibilidade outra vez.

Permito-me acreditar.
Do contrário, restaria muito pouco.
Eu me tornaria como aquelas pessoas que olham para trás.
Eu decidiria que esses tempos já passaram.
Reminiscente...
Você não gostaria de estar por perto se isso acontecesse.
Não suportaria ver meus olhos mais tristes.

Então eu me agarro.
A emoção da descoberta vale mais
que alcançar o destino final.
E é por isso que me encontro entre companhia jovem.

A história nunca termina.

Todos são um pouco falsos,
lembre-se disso,
e você irá longe.

O Sol Vai Nascer Amanhã

Como o céu encoberto e sombrio,
um manto de cinza esconde facilmente minha fortaleza.
Hoje acordei com o céu limpo.
O sol brilhou em meu rosto.
Eu não quis mais me esconder.

Fugindo da Loucura em Mim
(Momento Radical de Melancolia)

Acho que todos podemos ser egoístas,
mas, caralho,
isso não faz sentido?
O mundo, nossas vidas,
tudo pode ser uma grande merda.

Às vezes acordo desejando não poder cheirar nem sentir gosto.
Seria melhor assim:
não precisaria engasgar
com os fétidos feromônios do desespero, da mentira e das
expectativas não cumpridas.

Espero que venham dias mais ensolarados.
Sim, eu sei o quanto este trecho soa dramático.
Odeio escrevê-lo,
mas estou tendo um momento aqui.
Uma Merda!
Porra!
Momento.

Correndo em direção à Ponte Queensboro,
a Avenida Crescent está sempre no meu caminho.
Mantenho a constância.
Caminho sozinho.
Estou feliz com isso.

Não quero que ninguém me veja assim.
Eu poderia chorar agora; lágrimas de verdade se formam.
Não devia – não vou – mas por algum motivo quero.
Se alguém me visse assim,
nunca mais iria querer estar por perto.

Mas por quê?

Não nos sentimos todos pra baixo às vezes?
Sentimos – mas como diabos não dizemos nada sobre isso.
Respiro fundo.

Estou correndo e minha mente acompanha meu ritmo.
Estou bem, estou bem.
Por enquanto.

É o melhor que posso fazer.
É o melhor que qualquer um pode fazer.
Meus pés mal tocam o chão,
mas parecem que ainda estão andando.
E não tenho certeza
se me importo
por quanto tempo.

A Comida Grega Perto da Parada Astoria-Ditmars

A comida parece a mesma.
Estive aqui mais de duzentas vezes.
Não sei o que é, mas hoje, é diferente.

Eu daria qualquer coisa para andar sob o céu de luzes,
segurando a mão dela,
mesmo tendo certeza...
- Mas talvez eu estivesse errado.
Não me importo mais com quem tem razão.

Vejo as coisas de outro modo.
Sou um renegado cíclico à espera da próxima emoção.
Agora, estou mais confiante –
ou pelo menos tentando
convencer a mim mesmo disso.
É fácil se apaixonar por uma fantasia.

Só consigo me mover até certo ponto.
Minhas mãos só alcançam algumas partes,
e eu quero segurá-la.
Talvez ela seja a única de que realmente preciso no fim.
Pelo menos, quando ela está por perto, a comida tem um gosto
melhor.

Os poemas
valentemente expressam
a ambiguidade
da vida.

Exaustão com Toques de Pretensão
(Vidrada pela Incongruência)

A maior dádiva é saber que se está a salvo.
Mas, diabos, como é difícil sentir isso.
Um predicado moldado por uma ilusão.
Você se torna vítima dela.
Aos poucos, vai rastejando de volta,
não mais enganado por ilusões.
Logo tudo se torna igual para todos:
uma dissonância desesperada
entrando na fragilidade de sua insegurança.
A vítima da inibição,
você pode desafiá-la.
Deveria, mas é exaustivo,
sua confiança mutilada pelo medo que resta.
O medo nascente mostra seus dentes.
Será a única coisa que sorri,
constrangida pelos derrotistas em sua mente.

Entre as Linhas

Tudo tem sua moldura,
estruturada para se encaixar exatamente como deve.
Nunca pareço ser aquele que permanece dentro das linhas.
Mas acho que – às vezes – é preciso.
Há uma careta que vem com essa conformidade.
As linhas pretas não parecem guiar.
Não, em vez disso, restringem,
uma obstrução que o empurra em direção à insanidade.
À bebida pesada.
À solidão.
À escrita.

Levando-o a um lugar distante
daqueles que vivem com limites.
Se ao menos se aventurassem pelos espaços brancos ao redor.
Ouse ir até lá.
Não deixe o medo colocá-lo numa jaula,
como o tigre no zoológico,
uma fera que tem o dom de rugir.
Uma fera que, acorrentada, apenas observa.
Sonhe com um dia melhor.
Sonhe em acordar.
Sonhe em ser diferente.
Jogue fora tudo que te prende.

É preciso ser uma fera selvagem para ser livre,
e a maioria de nós tem a capacidade de gritar.

Preso

Você não está preso.

Eu sei que no dia a dia você se vê
em lugares,
em trabalhos,
ou com alguém que não parece certo.
Você pode pensar que não há saída.

Você não está preso.

Você pode sair.
Você pode se mover.
Você pode desistir.
Você pode terminar tudo.
Só você pode tomar essa decisão.
Os tormentos da mudança são a única coisa
que o seguram.
Pegue a estrada do acaso.
Encontre a pista livre.
Jogue o mapa fora.
A vida é uma rodovia caótica.

Nunca é tarde demais para começar de novo.

A religião é uma farsa.
Eles deveriam dar o dinheiro a uma causa digna.
Mas, pensando bem,
essa causa provavelmente seria uma farsa.

O Zumbido Interior

Minha cabeça cheia
está soterrada por pensamentos demais
para qualquer homem compreender.

Como escolher
ou focar em um só.

Apenas uma abundância de possibilidades,
com ainda mais turvando minha visão.
O estímulo de hoje cria um novo zumbido para a tempestade.

Levado De Volta Ao Começo

O trem A roncava nos trilhos.
Rockaway não estava à vista,
mas já nos aproximávamos da Utica Ave.
Eu estava ansioso.
Nem sabia se queria mesmo estar ali.
Tomei um gole de Beck's da
caneca grande de café Dunkin Doughnuts.
Aquilo me acalmou.
Nem me importei de estarmos viajando
há mais de duas horas e meia.

Sentei-me remoendo a noite anterior –
o Quatro de Julho.
A besta no céu gargalhava ontem à noite.
Tudo me parecia um borrão.
Parecia que o céu estava em chamas.
Observei da escadaria de um estranho.
Eu estava miseravelmente quente o tempo todo.
As mensagens, as ligações.
O desejo de estar com alguém... qualquer um.
Mas eu não me juntei a ninguém naquela noite.
Pensei na garota que eu queria,
em como ela não me queria de volta.
E nas que queriam,
eu não conseguia querer nenhuma.
Eu não me conhecia.
Tenho medo da mudança.
Estar à beira de me tornar um homem
tem sido um peso.
A década de caos concedido
chega ao fim neste verão:
as festas, a bebida, a malcriação,
o desdém descarado pelo sistema,
a luta que nunca vence.

Cynthia não sabia,
mas ela me lembrou de tudo isso
enquanto estávamos no trem,
e ela não sabia que eu a levava de volta a um lugar que simbolizava
meus vinte anos.

A juventude guarda uma certa visão que se perde
naqueles que a resistem.
Eu estava aprendendo o quanto resistia a tantas coisas.
Minhas oportunidades,
meus amigos,
a mim mesmo.
Eu recuperava isso de tempos em tempos,
mas parecia mais fácil simplesmente jogar tudo fora.

Broadway Channel, e precisávamos nos transferir.
Cynthia reclamava do namorado.
Eu ouvia,
mas percebi que ela falava de alguém como eu.

"Homem" é um pensamento assustador para meninos.

Não é bonito ser menino para sempre,
não importa o quanto você tente.
Talvez eu estivesse sendo duro demais comigo mesmo.
Ou talvez eu estivesse repetindo a mesma coisa.
A autodepreciação pode ser facilmente aplacada
se você for convincente.
A ardência só dura até ser esfregada.
Mas ela fica.
Eu, especialmente, parecia estar propenso a novos ataques.
E eu não queria que parasse.
Já estava acostumado.
Bem, acho que eu precisava disso.
Pelo menos assim me lembraria
de que eu não estava ficando velho e entediante.
Preciso de um estímulo, uma pessoa, uma situação
para lidar com cada momento desperto.
Então, quando acordava com a náusea da apatia, afastava-me
completamente de tudo.
Até me sentir preparado para tudo de novo.

Foi por isso que fomos a Rockaway.
Sempre senti alguma coisa lá.

Com Uma Aparência Horrível

Entrei no trabalho cansado –
e o pior
era o quanto eu parecia cansado.
Não consegui esconder as quatro horas de sono.
O alarme atrasado.
A barba por fazer.
"Você vai se matar se não cuidar da saúde."
Obrigado, colega com 3 filhos.
"Morte, você disse?"
Parecia uma bênção.
Pelo menos eu poderia descansar.
Ficar acordado até 2h, 3h da manhã não combina com um
trabalho das 9h às 17h.
Esse é o problema da ambição:
a alma teimosa não se satisfaz com o fracasso.

O sucesso não vai te matar –
a ambição de chegar lá, sim.

Então, continue com o trabalho.
Continue com as longas noites digitando.
Continue com os erros que ainda nem percebi.
Porque o brilho recai sobre os que estão prontos para ele.
Os outros permanecem nas sombras,
e eu me recuso a ser lançado na escuridão do Inferno.

Não consigo evitar estar encantado
por cada aspecto repugnante da
cidade de Nova York.

A Fúria Vai Se Erguer

Eu sei que ela está lá.
Gosto de pensar que ela vai embora.
Gosto quando a fervura diminui
e se aquieta em águas calmas.

Mas a maré espera com elegância.
O caos está próximo.

Suave agora, estou em completo controle,
mas não posso controlar a maré.
Ela pulsa como uma fera à espreita da presa.
Esperando explodir.

Ela vem no meu momento mais vulnerável.
Estou fraco e sei disso.

A onda se ergue.
Eu colido comigo mesmo.
Todos ao meu redor observam, decepcionados.
Ela não para.

Não pode ser parada.
Tudo em mim está errado.
Mas minha força nunca esteve tão viva,

como o boxeador. Ele espera o momento certo.
Sua desculpa é pulverizar
o oponente...
sua raiva...
seu medo...
suas impossibilidades...

Os poderosos prevalecem sobre o que podem controlar.
Estou fora de controle outra vez.

Eu odeio isso, mas precisa sair.
Sim, sim – precisa.
Se não, a tempestade será maior da próxima vez.

Se Você Está Distraído, Então É Como Todo Mundo

Talvez busquemos a distração.
Ela nos dá um pretexto para desviar de nossas verdadeiras
intenções.
Ela nos permite escapar
de descobrir quem realmente somos.
Nesses momentos,
é fácil.
Não é preciso encarar nada.
Ela o impede de enfrentar seus medos.
E você nunca se sentirá tão perdido a menos que a detenha.
Mas mesmo quando age como se ainda houvesse tempo,
e como se "chegasse lá quando estiver pronto",
você vai perde.
Você nunca conhecerá verdadeiramente suas capacidades
porque está distraído demais para descobrir o contrário.

Ela, Recorrente

É meio nojento.
É meio belo.
É meio horrendo.

De todo modo,
é meio perfeito.

Mas que se dane.
Que se dane tudo.
Eu já não me importo mais.
A não ser que haja alguma razão inexplicável para não sentir.

E que se dane.
Quando ela está por perto,
quando não está por perto,
eu sinto.

Eu me lembro dela.
Sinto falta de tudo.
Até das partes ruins.
E assim,
eu escrevo para me lembrar dela.

*Tendências inquietas se transformam
em melodias imprudentes.*

Atuando na Realidade

Está acontecendo de novo
e não acredito que estou permitindo.
Cada criação
cada parte de mim
tudo está sendo levado
e eu deixo ser.
O maldito chefe rouba com um sorriso.
O pagamento é estável, porém.
No fim, não se resume sempre ao dinheiro?
Sinto que fui comprado.
Tenho certeza de que você sente o mesmo.
É doentio – sim, quase um presságio de ruína,
uma morte proverbial.
Nossas almas são diluídas, ridicularizadas e deixadas em dúvida.
O trabalho é um purgatório pessoal
que aprisiona nossa crescente decepção.
É difícil soltar o controle, mas permitimos.
Esmagados pela constatação de fazer algo
abaixo do nosso potencial.
Mas batemos o ponto.
As contas são pagas,
e depois que batemos o ponto,
enquanto estamos a caminho de casa,
nos perguntamos,
"Como podemos nos tornar inteiros novamente?"
"Como podemos fazer parte de algo
em que já não acreditamos?"
Mas atuamos, nosso cubículo é o palco,
um pequeno espaço destinado
a encolher nossos pensamentos.
Trabalhamos para pessoas que jamais conseguiriam
compreender a beleza
que realmente existe dentro de você, de mim e de todos nós.
Aos poucos, como seixos na praia, há desgaste.
O sal e a maré corroendo
nossa integridade cada vez mais fina
até nos tornarmos frágeis demais,
e nos transformarmos em areia
deitada no litoral infinito da praia.

Sorriso

Voltando do trabalho para casa,
agarrei o corrimão do trem N e a observei.
Ela estava de pé, mordiscando o lábio inferior.
Um rosto perturbador,
cada fenda como uma rede de raízes.
Suas rugas cavavam cada vez mais fundo no solo.

Ela provavelmente pensava o mesmo que eu:
mais um dia dedicado a idiotas.
Eu não estava nada feliz,
meus talentos desperdiçados,
batendo nas teclas do teclado
na minha mesa ao lado do técnico,
o aquecedor tocando como sinos de igreja aos Domingos,
meus lobos temporais chacoalhando,
enfraquecendo minha resistência.
Eu deveria estar em frenesi.

Mais um dia,
e estou espremido no trem,
um mar de rostos vazios
todos lidando com o mesmo maldito fardo.

A mulher me olhou brevemente.
Ela soltou os lábios.
Talvez fosse um entendimento mútuo.
Ou talvez ela tenha percebido, pelo meu rosto,
que eu precisava daquilo.
Ela sorriu:
um leve sorriso, mas ainda assim acolhedor.

Lembrou-me de que estamos todos nisso,
nesta vida miserável de trabalho:

juntos,
mesmo que estejamos miseráveis pra caramba.
Então sorri de volta.
Foi bom fazer isso.
Deveria sorrir com mais frequência.
Todos nós deveríamos.

*A rejeição alimenta a força de provar
ao mundo que ele está errado.*

Bebendo o Destino

Destino

    é

        uma

           bebida

              que

                não

              termina

          até

      a

    próxima

manhã.

Levará tempo,
levará mais tempo do que você pensa,
levará mais tempo do que você pensava,
levará você a pontos em que estará pronto para desistir,
mas se sua resistência conseguir superar os contratempos,
você saberá exatamente quanto tempo levou para chegar lá.

Barulho da Cidade

Há barulho.
Sempre.
Mesmo nos momentos silenciosos de solidão.

O zumbido do aquecedor.
As gotas d'água da torneira.
A tampa do lixo que chacoalha.

A mente.
Pensamentos do amanhã.
Pensamentos de ontem.
Pensamentos dos dias que virão.
E o pior... os barulhos inesperados.

Pegos de surpresa.
Ofegantes pela chance de silenciar tudo.
Buscando um senso de controle.
Incapazes disso.

Você vai ter que se acostumar.
Eu lhe aconselharia a fazer isso.
Porque sempre será barulhento.
Mais alto... MAIS ALTO.

O barulho persiste como o ar que você respira.
É nos momentos em que você prende a respiração,
que você consegue ouvir o silêncio.

As Teclas se Movem

Meu processo de escrita?
Eu costumo esperar.
Começo escrevendo palavras.
Palavras que espero que decolem.
Poderosas - tristes - amorosas - saudosas - carentes - assombradas - lutadoras - realizadoras - calmantes.
Às vezes escrevo apenas a palavra "palavra".
Ela me lembra que meu objetivo é escrever palavras.
Pode ser à noite.
Pode ser em uma festa.
Pode ser durante o sexo.
Pode ser enquanto cago.
Pode ser quando uma criança passa
com uma mochila azul e
eu sinto inveja ao ver
que ele tem tudo o que esperar do mundo.
Pode ser a pasta de dente endurecida no lábio do cara.
Pode ser o sorriso que meu avô costumava dar.
Pode ser a borda de uma lixeira.
Pode ser o cheiro da comida Indiana.
Pode ser porque não tenho outra escolha.
Pode ser porque sinto que também tenho.
Pode ser qualquer uma dessas coisas.
E para os escritores, é exatamente assim que deve ser.

Quando Chove, a Fumaça Sobe

A jaqueta bege dela flutuava à minha frente.
A luz na esquina da 60th com a Madison
deu ao tecido seu último sopro de cor.

Ela desapareceu atrás do tubo listrado de laranja e branco.
Do cigarro gigante,
a rua vomitava fumaça.

Mais e mais alto ela subia.
O céu inteiro estava enevoado.

As gotas se acumulavam no meu ombro.
As ruas quentes esfriavam.
A correria do dia se desfazia.

Caminhei até o metrô.
Nunca tinha visto um céu tão roxo.

Eu estava pronto para voltar pra casa.
Nova York também.

Não importa o quanto você queira amar alguém,
você não pode se essa pessoa não deixar.

Sinos do Caminhão de Sorvete

Acordei e as crianças brincavam na minha rua.
O despertador tocou na forma
de um caminhão de sorvete.
"Merda!" pensei, ao olhar o relógio.
9:44.
"Droga! Vou me atrasar... de novo."
Na noite anterior, fui pra cama pra tirar um cochilo.
Esses cochilos sempre deveriam durar uma hora.
Às vezes duravam, às vezes não.
Às vezes duravam até de manhã.
Não era incomum eu dormir
mais de 12 horas:
7 às 7.
Grandes crostas nos olhos,
culpa das lentes de contato,
me diziam se eu tinha dormido demais.

Então, enquanto o vendedor de sorvete começava a servir
casquinhas de baunilha e chocolate,
tudo em que eu conseguia pensar era: "Por que está tão escuro lá
fora?"
Presumi que uma tempestade estava chegando.
Parecia chover a cada duas horas nesse verão,
e as crianças estavam na rua.
Peguei o celular num pulo.
Senhor, quantas mensagens são essas?
Devem estar todos entediados no trabalho.
"Droga! Levanta essa bunda, Joe!"
Saltei da cama.
Em pânico, corri pro chuveiro.
"Devo mesmo tomar banho? Devo pegar um táxi?"
Cenários de viagem no tempo passavam pela minha cabeça.
"Se eu pegar um táxi agora, chego lá às 10h."
10h da manhã era o normal pra mim,
e, no meio da histeria, parecia melhor chegar o quanto antes.
Lembrei que meu chefe estava de férias.
"Ah, quer saber? Só toma um banho rápido e vai – chega às

10h30 e ninguém vai notar a diferença."
É, dane-se – inventa uma desculpa se precisar.
Dei uma última olhada para fora.
"Está havendo um eclipse solar?"
Estava escuro pra caramba lá fora.
Espera aí.
Eram 22h.
Me enxuguei e deitei novamente.
Programei meu alarme.
Em 10 minutos, eu não conseguia ouvir mais nada.
Todas as crianças já deviam ter terminado seus sorvetes.

Enquanto a Memória Queima

A vela queima e a melodia continua.
Continuamos dentro dela.
O pavio se foi.
Seguramos a cera.
Grudada
na lanterna
no vidro
na mesa
em nossos dedos.
E ouvimos
enquanto a nostalgia se repete.
Cantamos junto.

Conspiradores Incompetentes

Eles sabiam que eu podia fazer,
mas eu não queria fazer por eles.
Isso não importava:
eu tinha o suco.
Eles sabiam e estavam esperando para beber.
Não beberiam imediatamente.
Eles nunca ousariam tomar goles.
Nunca experimentariam um pouco do sabor
e aprenderiam com ele.
Eles nunca tentariam seguir em frente sozinhos.
Em vez disso, esperariam por seu maior trunfo
até o prazo se arrastar desconfortavelmente perto,
e embora tivessem tempo,
faziam de tudo para parecer ocupados.
Tão confusos
Tão tolos
Então, bem quando o fim se aproximava, eles beberiam meu suco.
Eles usariam tudo,
tudo o que eu havia praticado.
Um gole rápido.
Acabou.
A pior parte?
Nunca me disseram o quanto era bom.
Foi exatamente como planejaram:
nada foi dito depois.
Se tivessem dito alguma coisa, teriam sido pegos,
então os conspiradores nunca disseram nada.

A arte é puramente sobre intenção.
Seu meio
é apenas uma tecnicalidade.

Envy

Desde o nascimento nos dizem que temos algo especial.
A cada ano se acumulam mais elogios.
Nossa confiança depende da sensação de realização.
Tudo gira em torno da realização.

Logo os aplausos se tornam menos frequentes.
Para alguns, há muito tempo reina o silêncio.
O primeiro lugar não aconteceu para eles.
E a verdade é que ninguém sabe quando o aplauso termina... ou começa,
mas quando acabarem – quando já nos acostumamos a isso...
Faremos qualquer coisa para tê-lo de volta.

Com o passar dos anos talvez se torne insignificante.
Talvez você encontre seu lugar na vida.
Mas e aqueles que não se acomodam?
E aqueles que precisam ser ouvidos?
Precisam ser vistos.
Precisam ser sustentados.

O maníaco dentro de nós espera para rugir,
e aqueles em quem você confia diminuirão sua importância.
Eles a tirarão se invejarem seu aplauso.
É uma batalha.

A competição nunca foi sobre compaixão.
Ela está enraizada em nós,
assim como no momento em que nascemos.
Buscamos mantê-la.
Queremos o máximo dela.
No fim, podemos nos tornar obcecados por ela.

Mas tudo parece tão mesquinho quando nos é roubado.
A inveja é a raiz de todo o mal.
Nada tem a ver com
dinheiro
roupas

casas
carros
coisas.

No fim das contas, é mais um golpe,
um truque sangrando inferioridade,
uma armadilha contra si mesmo.
A miragem só sobreviverá se você a tolerar.
Não me permito mais fazer isso.
Não, eu sei que sou bom o bastante.
Os aplausos já não são tão importantes
como costumavam ser.

Todos Estão Juntos Quando Estão Sozinhos

Não importa muito,
eu suponho,
se estou sozinho
ou se apenas penso que estou.
Para ser sincero, prefiro que me deixem sozinho,
mas há momentos
em que penso em permitir companhia.
Ainda assim, mesmo quando alguém está ali,
estou sozinho.
Ela está sozinha,
mas ficamos ali,
falando o que se fala,
bebendo o que se bebe.
Por um instante nos enganamos,
mas mesmo quando acordamos juntos,
eu escolho ficar sozinho.
Minha mente vagueia entre os pensamentos
e as decisões do dia.
Sei que ela faz o mesmo.
Então ficamos deitados lado a lado.
Tudo o que preciso fazer é olhar para o lado,
mas não estou olhando agora.
Eu só quero ficar sozinho.

Escrevendo Quando Você Pensa Que Não Tem Mais Nada

Fadiga.

Às vezes, ela é o objetivo.

Ela está ali.

Está localizada num lugar
onde você tem um pouco de energia,

apenas o bastante para que suas
melhores e mais despidas ideias finalmente possam ser
encontradas.

Em meio à tentativa de escapar da vida
e de todas as suas incertezas,
excentricidades
e períodos de insegurança,
está a sua vida.
E a sua vida,
a minha vida,
a vida de todos é tão boa.
Pode ser tão boa
mesmo que pareça tão condenada.
Não é perfeita,
é tão lindamente falha,
mas se você a aceitar,
se acreditar no amanhã,
ela pode ser tão boa.
Pode ser tão incrivelmente boa.

A Escultura Não Passa de um Fragmento...
Da Imaginação de Alguém

Entregar-se a alguém
parece ser o nosso tema favorito de conversa.
Ansiamos por isso.
Tememos isso.
Queremos isso.

E talvez não devêssemos fazê-lo.
O que há de errado em estar sozinho?
Sozinho, onde se pode pensar por si mesmo,
onde se pode definir a si mesmo,
onde se pode ser quem se é.

Não estou pronto para ser uma estátua,
esculpida e moldada por outra pessoa,
feita para parecer perfeita,
feita sem imperfeições visíveis.

Penso no interior das estátuas,
em sua aspereza.
Quero remover o brilho
e realmente ver o que há dentro.
Essas partes raramente são observadas.

A maioria teme o que pode encontrar,
que se descubra demais
sobre os outros,
sobre você,
sobre mim.
Talvez encontremos algo que nos faça partir.
Acho que é daí que vem toda a loucura.
Partir significaria ficar sozinho.
Talvez seja por isso que queremos nos entregar.
Mas por que comprometer o próprio valor?

Estou bem em estar sozinho.
Estou disposto a ser paciente.
Isso me assusta um pouco,
mas estou bem,
estou,
e você também está.

Preso... De Novo

Não suporto a ideia de estar preso.
Preso num contrato.
Preso num relacionamento.
Preso num trabalho.
Preso escrevendo este maldito poema.

Provavelmente é por isso
que não fui para a pós-graduação.
Provavelmente é por isso
que me preocupo por dias, meses, depois de uma aventura de
uma noite.
Provavelmente é por isso
que prefiro escrever a estar entre pessoas.
Preferiria não me importar com nada;
seria mais seguro assim.

Mas eu me importo.
Me importo com todas as formas possíveis de estar preso.
E por isso continuo preso.

Estou preso às minhas ansiedades.
Preso aos erros do passado.
Preso à mania de rir do que já passou.
Preso à tentativa de amar de novo.
Preso à culpa.
Preso a mais culpa.
Preso à escrita.
Preso à espera paciente de uma publicação.
Preso ao medo de que não aconteça.
Preso ao medo de que aconteça.
Preso ao fardo da própria mente.
Preso aos demônios que
voltam de tempos em tempos.
Preso ao lembrete de respirar.
Preso a estar preso.

Por mais que alguém queira
controlar o próprio destino, é em vão.
Estamos presos à inevitável
virtude do que a vida nos entrega.
Haverá dias de sorte.
Haverá dias difíceis.
E todo o resto entre eles.
Você estará preso.
Eu estarei preso.

Estar preso nada tem a ver com escolhas.
A vida é um ciclo feroz de escolhas às quais estamos presos.

E assim como agora,
assim como no futuro,
quando chegar nossa hora,
ficaremos com a sensação de estarmos presos.

O Rosnado do Homem

Eu rosno porque tenho medo.
Luto porque uma pequena parte de mim espera perder.
Seria mais fácil assim, porque ao menos
eu não precisaria saber o que vem depois do sucesso.
Se eu perdesse, tudo acabaria,
e
não me sentiria culpado por não tentar.
Mas então lembro que sou o urso.
Não fui moldado para a hesitação.
Não, não é tão simples assim.
Sou impetuoso, e meus desejos são desenfreados.
Não consigo evitar viver da ambição.
Sou movido pelos pequenos vazamentos da esperança.
Vejo cada oponente como uma nova chance de lutar.
E desta vez,
estou pronto para vencer.

Seja a chama
ou sua sombra,
no fim,
todos encontram as cinzas.

Tempo Perdido

Faça algo grandioso com o seu tempo.
Não fique sentado mexendo no celular,
ou assistindo televisão.
Crie uma ideia.
Leia.
Sim, leia qualquer coisa.
Pegue o dicionário e leia.
Leia os nomes das ruas.
Vejo pessoas tocando as telas de seus celulares.
Deslizam os dedos no mesmo gesto
de quem vira as páginas de um livro.
São marionetes, manipuladas pelos
inovadores da distração,
desperdiçados.
Tanto mais poderia ser feito
se apenas uma pequena parte do tempo fosse melhor usado.
O que move esses filhos da puta?
Sério?
Candy Crush?
Reclamar também preenche o vazio.
Ressentimento
Isolamento
Vaidade
Momentos breves de inspiração
rapidamente abafados pelo medo
de que não vale a pena,
ou de que é difícil demais.
"Eu nunca vou terminar isso!"
O que aconteceu com a crença?
O que aconteceu com o risco?
Caminho ao lado dos delirantes,
Obcecados,
Enlouquecidos pela falta de substância.
Os que realmente sentem!
Os que realmente se importam.
Os que usam o tempo de forma produtiva.
Os que não precisam ler este poema.
Não sei.

Talvez até isso tenha sido perda de tempo?
Quer saber...
Tenho coisas melhores para fazer.

Beleza Normal

A beleza que você procura está -
Nas ruas por onde anda.
Nos sorrisos que compartilha.
Nos sorrisos que não espera.
No isolamento dos pensamentos.
Nas lágrimas que derrama.
Nas palavras que lê.
Nos momentos que odeia.
Nos momentos que ama.
No desgosto de que gostaria de se livrar.
No carro que enfrenta ao atravessar a rua.
No som do nada.
Na nota que alivia o dia.
Na mudança que você esperava.
Nos dias que não deveriam acabar.
Nos dias que deveriam.
Na raridade de experimentar o extraordinário.
Na abundância esmagadora de ser normal.

Porque ser normal
é belo.

Deixe Minha Mente Falar

Escrever não é quando pensamento e memória colidem.
Se fosse fácil,
todos andariam por aí
com uma caneta e um caderno.

A maioria das pessoas não se importa.
Preferem não carregar esse fardo.
Não ousam olhar para dentro da própria alma.
Esses são os conformados.
Eu os invejo.

Minha mente é teimosa demais.
Corre porque eu a deixei correr.
E entre
beber,
transar,
e desperdiçar pensamentos em fugas banais...
eu escrevo.

Conversamos uns com os outros,
e assim como todos os outros,
queremos ser ouvidos.
Fico miseravelmente deprimido
quando não consigo passar um momento com minha mente.

Mas às vezes eu me calo.
Outras vezes, é ela que se cala.
E quando um de nós ouve,
minha mão registra.

Minha mente está falando agora.
Então não me ligue.
Estou anotando algumas coisas.
Não quero perder o que minha mente está dizendo.

Sinto-me livre às 2h da manhã,
quando o táxi cruza
a Ponte de Queensboro.
Inclino-me pela janela e grito,
grito bem alto.
Não tenho medo,
só preciso disso.
É a única oportunidade que terei
até o próximo Sábado.

Nada Mais a Dizer
Não pense,
apenas sinta.

Puxe o Pino

Ela achava que eu tinha a vantagem,
mas era ela quem tinha.
Eu não conseguia ficar perto de alguém tão incrível quanto ela.
Seria tóxico demais pra mim.
Tudo o que lembro é do comprimento das pernas dela.
Ainda penso naquelas pernas.
Minha mão entre elas.
E quando ela apertou firme meu ombro direito,
avisando que era demais,
tive medo de estar machucando-a.
Mas não estava.
Ela queria.
E eu amava dar a ela.
Cada impulso parecia melhor que o anterior.
Ela respirava com tanta elegância.
Seus pulmões estavam tão cheios.
Ela estava viva e eu sentia como se a estivesse salvando.
Eu não podia carregar essa responsabilidade.
É um peso grande demais pra um homem.
Sim, podemos fingir que não nos importamos,
ou que você é só um pedaço de carne,
mas quando sabemos que é real,
fugimos,
queremos sair.
A alma é uma granada prestes a explodir.
Por mais que deixemos nossas parceiras segurarem o pino,
sabemos o perigo que se aproxima.
Então, antes que alguém nos desafie,
partimos,
fingindo ignorar a serenidade do momento,
indo embora,
vagando pela cidade como hienas.
Gritando, rindo de nós mesmos.
As mulheres não entendem.
Nós não temos o poder.
Elas têm.
Mas só admitimos isso.
Depois que sabemos.
Que elas não vão puxar o pino.

Alcançar

Tão baixo
e
enterrado na terra
que até a visão de uma escada te faria chorar,
porque o buraco
é fundo demais.
É impossível sair.
Tempo
Paciência
Uma força interior que nasce quase no instante de desistir.
Eu entendo quem se sente assim.
Duvido que pedir ajuda
aumente a confiança de alguém.
Mas quem pode dizer?
A degradação pode te levar tão fundo.
Pode arrancar os últimos pedaços de autoestima.
Mas aguente.
Segure firme.
Você nunca mais vai se sentir assim.
Principalmente se não deixar que os outros te atinjam.
A força vem daqueles que se recusam a desistir,
e o valor vem
daqueles que acreditam
num dia melhor,
num dia mais leve,
num dia em que a chuva lava tudo,
em que pular é a única coisa que as pernas sabem fazer,
em que você alcança tão alto,
mais alto do que pensou ser possível,
mais alto do que sabia existir.
Está lá,
esperando por você.

Lidamos com o baralho que recebemos
blefando até empatar o jogo.

Desejo Ambíguo E Depois... Nada

Achei que isso tivesse acabado,
mas aconteceu.
Foi estranho sentir isso de novo.
Acordei
com teus braços
encaixando perfeitamente, como deveriam.

Saí me perguntando –
Será que eu esperava por mais?
Mas não havia nada.
Era igual a antes.
É horrível quando isso acontece.
Não há nada que se possa fazer.
Um estado vulnerável de expectativa.
As perguntas remexem na mente.
Pensamentos que tinham sumido voltam.
Sentimentos tornam-se volúveis ao questionar o romantismo.
Esse parece ser o curso geral das coisas.
Pode ir para qualquer direção.
Há uma pequena brecha.
Tenho medo de segui-la.
Pode parecer certo, mas meu passado me impede.
Ele me impede de seguir em frente.

Quando chegou a hora de partir, não dissemos nada.
Como da última vez.
Não foi nada.
Não seria nada.
Não será nada.
Bem, não será... até que eu tente de novo.

Rumo a Hartford

O ônibus para - anda - para - espera.
O céu fica azul, cinza e preto.
Todos tentam chegar a algum lugar.
A família
Uma namorada
Um novo emprego
Alguns só querem ir,
sem destino em mente.
Nômades
em mais uma viagem,
outro lugar,
qualquer lugar, menos aqui.

Carrinhos de Bebê

A pior parte de ser pai em Nova York?
Deve ser carregar um carrinho de bebê pelas escadas do metrô.
Quando penso em ser pai,
é nisso que penso primeiro,
ter que arrastá-lo por catracas e corredores
enquanto os passageiros te olham pensando,
"Qual é,, cara, pega um táxi!"
"O que você está tentando provar?"
"O quê? Acha que é um bom pai ou algo assim?"
"É mesmo?"
Não sei.
Parece apenas que estão carregando um carrinho de bebê.
Acho que devia dar um desconto pra eles,
porque é isso que se deve fazer.

As palavras que escrevemos
tendem a ser melhores
do que as que falamos.

A Maioria dos Passos Será Desequilibrado

A estrada pode parecer escorregadia mesmo quando está seca.
Às vezes as direções não são tão claras
quanto gostaríamos que fossem.
Mas
continuamos andando.
Sim – bem, devemos continuar andando,
não importa quantas vezes caiamos.
Apesar de todos os erros, tropeços e infortúnios,
preferimos – não, precisamos – seguir em frente.

Quando encontramos o sucesso,
não pensamos em escorregar,
mas vamos escorregar:
em cada esquina do sucesso
há uma estrada à espera.
Cheia de angústia e desespero.

Não é de se admirar.
Já vi muitos homens esperando a estrada se limpar.
Enxergando um falso chão molhado adiante,
esperam até que pareça seco.
Uma mente cautelosa é uma mente enlouquecida.

É um dia triste quando alguém para.
No fim, ele vai desejar, ao inferno, ter continuado.
É uma maldita vergonha.
Só pode culpar a si mesmo,
mas culpará as ruas para sempre.

Garota Australiana e Frank

A garota Australiana se derretia por Frank.
A aparência dele bastava para ela.
Lembro quando minha aparência também bastava.
O cabelo está sumindo,
a barriga um pouco mais arredondada.
Malhar já não é um passatempo.
Virou necessidade,
um modo de manter as aparências.
Caso contrário, elas desabam depressa,
como têm desabado desde os 28.
Talvez seja só um momento de animosidade.
Acontece.
Mas amanhã eu vou à academia.
Ou, dane-se:
Talvez eu apenas escreva.
Frank não faz isso de jeito nenhum.

Recupere-se

Decretado pela solidão,
trata-se de encontrar maneiras de não estar sozinho.
Lutamos para fazer parte de uma comunidade.
O amor em si é usado como segurança,
uma forma de confirmar que não estamos sozinhos.
Mas estamos sozinhos – mesmo quando estamos cercados.
Isso é algo que não podemos mudar,
como seixos em um riacho
ou uma folha de grama em um campo.
Cada elemento está sozinho.
Belamente segmentado.
Não deveríamos tentar ser nada
além de
nós mesmos.

Somente os selvagens
são ousados o bastante
para enfrentar
a imensidão de tudo isso.

Um Fluxo de Consciência Deve Ser Seco Às Vezes

O amanhecer de hoje foi o mais puro até agora.
Hoje não deveria haver nada além de glória.
A noite passada foi perfeita – ela foi perfeita.
Perfeita.

Eu estava com falhas.
Tantas quanto de costume.
E ela ouvia enquanto
eu tamborilava no balcão do bar.
Eu tive uma revelação.
Eu estava ansioso.
Não porque quisesse estar,
mas porque ela entendia o quanto eu estava ansioso
com meu trabalho... com ela.

Toc
Toc
Toc
Os murmúrios viraram palavras sem sentido.
Minhas falhas e visões do amanhã
se misturaram à antecipação dela,
de tudo que poderia ter sido belo,
mas eu não sabia lidar com isso.

Saímos em paz.
Saímos juntos.
Saímos em paz.
"Nós."
É bonito dizer isso.
Parece cada vez mais difícil dizer isso.
Estar junto não acontece o bastante.
E quando acontece, é difícil suportar.

Queria poder ter guardado aquilo numa garrafa,
numa cápsula de tempo de pureza,
um desvio do caos das inseguranças.
Foi o que pensei na hora.
Foi o que procurei.
É o que todos procuramos.

Mas de volta ao apartamento dela,
o tremor estava lá.
A confusão era inquietante.
Tinha a ver com tudo e com nada.
Tudo residia na minha cabeça.

Eu não queria lidar com isso.
Eu queria escapar.
Não queria estar ali.
Não queria estragar tudo.
Não queria.
Não, espero que ela saiba, eu nunca quis estragar tudo.

Isso é algo que só os sonhadores podem experimentar.
Destinados à beleza da paz,
a mente enfim pode dormir
sem o peso do mundo,
das experiências passadas,
das influências,
de tudo que é de si mesma.

A enxurrada da dúvida é uma fera mortal.
Pode ferir.
Pode arruinar a beleza da vida.
Pode ser mal compreendida.
Pode.
Realmente pode.

Na manhã seguinte tudo estava claro.
Houve tropeços.
Houve arrependimentos.
E o pior é que não precisava ter havido.
A maldita bebida.
A pressa foi grande e tudo ficou confuso.

Eu havia arruinado a beleza de tudo.
A mancha deixou algo mais memorável.
O que nunca deveria ser esquecido
foi o primeiro a desaparecer.

Essa é a tristeza das coisas.
Esse é o problema de tudo.
No fim, tudo se resume às coisas
que não deveriam ser lembradas.
Os momentos em que perdemos nossas inibições.
As horas em que não deveríamos pensar
nas consequências de nossos atos.
Mas são essas as que mais lembramos.
Não porque queremos,
mas porque mais nos marcam.

Então remoemos.
Pensamos.
Nos arrependemos.
Esperamos.
Desejamos.
Queremos.
Ansiamos.
E... bem, apenas ficamos.
Ficamos e pensamos.

E imaginamos se as coisas podem mudar.
Se a esperança é mais cerebral que fantasia.
Talvez as coisas possam voltar à luz,
onde possamos acreditar que a verdade
realmente nos libertará.

Que as inibições das falhas nos empurrarão adiante.
Que as pessoas nos verão como somos,
e não pelos erros que cometemos.
Que nos verão em um momento puro, e não em um influenciado
pelas coisas que dissemos ou fizemos.

Conhecer a si mesmo é o maior desafio.
É algo que nos esforçamos para descobrir,
mas leva uma vida para entender de verdade.
Leva, não leva?

E tudo bem,
porque não somos simples.
Somos complexos.
Tudo é truncado pela existência
do que veio antes.
O passado é uma besta que nos morde em momentos de
esperança.
É o tempo que limita nossas habilidades
e interrompe nosso progresso.
É exaustivo – é – cada parte disso.

Mas eu queria estar com ela.
A interação,
o momento de consolo,
tudo estava lá,
mas isso não pode ser visto:
estava embaçado.
Talvez nunca fique claro.

Reconheço o olhar de algo tão real quanto o de um filhote de
cervo tímido ansiando pela expectativa de que algo dure.
Mesmo que ela esteja morrendo de medo.
Mesmo que ela não queira se permitir
pensar que possa ser possível.
Mesmo que o estrago anterior ainda esteja ali.
Mesmo que...

Acho que é essa a base de tudo isso -
o "se"
a chance
a possibilidade.
E é aí que sei que existe uma possibilidade.

Se eu acreditar,
se eu realmente quiser,
posso fazer acontecer.
Nada mais importa.

Tudo nasce da chama ardente
do carvão que cintila lá dentro.
Está lá,
está sempre lá,
e vai inflamar,
vai flamejar,
e cabe a nós deixar.
Mesmo quando o frio parece diminuir,
precisamos acreditar na chama.

Eu a observo.
Espero que ela também.
Espero...
Mas mesmo que ela não a observe,
me sinto grato por saber que pode acender.
Está frio na minha barriga.
Queria que o fogo voltasse a arder.
Talvez, se ela enxergar do meu jeito,
ele volte a queimar.

A esperança é tudo o que temos.
É um bilhete de parque, cara.
Geralmente é um mau negócio,
mas de vez em quando,
quando você menos espera,
acaba sendo a melhor experiência da sua vida.

São esses os momentos em que penso.
Os momentos de esperança.
Os momentos de medo sutil misturados à pureza.
É nisso que penso.
Eu apenas espero.
Espero mesmo.
Espero que ela também um dia consiga.

Ela tem toda capacidade.
Eu, toda chance de estragar.
Mas desta vez eu me recuso.
Sim.
Desta vez vou tentar.
Desta vez vou deixar incendiar.
Desta vez acredito.
Desta vez.
Com ela.
Ela.
Apenas
ela.

A Luta Não É Real

Todo mundo quer lamentar junto.
Todo mundo precisa ter uma história.
Algo que valide o valor de suas vidas.
Sem isso, o sucesso não parece tão merecido.
É apenas uma expectativa,
e não algo pelo qual realmente se lutou.

Pausas para o Café

Prefiro ser delirante a ser desprezado.
Tudo é passageiro –
até este café vai acabar logo –
o sanduíche do metrô –
a camiseta "Eu Amo Nova York"...
Embalados pela distração –
criamos aplicativos para nos distrair.
O progresso é travado pela incapacidade
com que nos distraímos.
Olhamos para estranhos.
Arriscamos um palpite.
Queremos ver mais neles do que em nós mesmos.
Presumimos que vivem mais do que nós.
Tememos não estar à altura do nosso potencial.
Um gole.
Mais um pouco de açúcar.
De volta à realidade, como todo mundo.

Não importa se você vence ou perde,
uma parte de você é apagada.

Uma Bela Crosta de Torta

Um vencedor pela aparência,
um maxilar firme com abdômen sarado.
Uma vítima da vaidade.
Farto, sem queixo e com uma borda no meio.
Não há nada pior do que ser bonito,
se é que isso realmente significa algo.
As pessoas dependem disso.
Algumas imploram por isso.
É uma visão desesperada, lamentável,

uma muleta que desmorona com o tempo,
uma negação que
se engrandece até o túmulo.
Buscamos com fervor maneiras de reviver
a vaidade do passado.
Estamos presos numa luta constante
para renovar o encanto que significa...
nada.

Uma vida baseada na subjetividade.
Uma opinião sobre aparências.
Um compromisso.
Um equívoco.
Uma falha.

Nos impressionam aqueles que se sentem menores
do que os rostos mais horrendos por aí.
Estamos cercados
pela distração,
por mentes pequenas
e por almas vazias.
Almas perdidas.
Almas carentes.
Desejando algo, ansiando por qualquer coisa.
Querendo ter algo a oferecer
além de um rosto bonito,
limpo, puro e sem cicatrizes.
Apenas o vazio

baseado em uma história sem sabor.
A crosta de uma torta que precisa de recheio.
Insípida, precisando de só um pouco mais.

Eu Carrego a Vergonha

À nossa maneira, seguimos em frente.
Todos lidamos com isso,
essa sensação persistente de decepção
como uma craca em pedra de mar.
Esquecemos dela.
Nossa fachada muda por causa dela,
a vergonha não dita do passado,
o arrependimento dele,
a admiração por aqueles que
também passaram por isso.

Pode acontecer de novo.

Talvez você precise encarar rostos de dúvida.
Talvez precise encarar o seu, pela manhã.
Essa é a pior parte,
o questionamento.
Todos carregamos a vergonha do passado.
Como você vai disfarçá-la?

Liberdade

A Raposa Vermelha Corre

Há uma raposa vermelha que me segue.
Ninguém mais consegue vê-la.
Não falo muito sobre a raposa.
Suspeito que, se o fizesse, diriam que enlouqueci.
Mas a raposa vermelha me observa.
Mesmo nos dias mais nevados
consigo ver seu pelo vermelho através dos
flocos de neve gloriosos que caem

Nunca nos olhamos nos olhos.
Ela rosna para mim de vez em quando,
especialmente quando sente minha vulnerabilidade.
Provavelmente acha que vou desistir.
Provavelmente pensa que vou esquecê-la.
Mas nunca me permito cair demais.
Não, se eu fizesse isso,
a raposa vermelha talvez partisse.
E não posso deixar que isso aconteça:
ela precisa me vigiar.

Às vezes tento superá-la,
mas tão veloz quanto o rabo dela se move ao menor toque,
ela corre.
Ela faz isso de propósito.
Ele só me permite um toque breve,
um breve vislumbre de pureza perfeita.

Vejo a mim mesmo enquanto a raposa vermelha corre.
Ela me mantém caçando.
Eu sei que um dia vou alcançá-la.

O amor é um belo erro.

Foto: Ryan Marcus

O Autor

Joseph Adam Lee escreve como um homem
encurralado. Franco-americano da cidade operária
de Lewiston, Maine, ele carrega as cicatrizes da classe
trabalhadora em cada verso. Agora, fazendo barulho
em Nova York, ele bebe, escreve e sangra—porque
nenhum porteiro jamais lhe deu permissão.

Informações de Contato

Email: joe@therebelwithin.com
Website: www.josephadamlee.com
Instagram: @joseph.adam.lee

Cartas e Encomendas

Red Fox Runs Press
C/O Joseph Adam Lee
909 3rd Avenue
#127
New York, New York 10150

www.ingramcontent.com/pod-product-compliance
Lightning Source LLC
Chambersburg PA
CBHW051722040426
42447CB00008B/925